From Working Holiday to Au...ship

從**澳洲**
打工度假

到 附：專有名詞中英文對照表

移民成功之路

定居澳洲

購置房產
了解稅制
申請移民
工作面試
選擇學校
準備雅思
辦理簽證

作者/**貝拉**
澳洲生活/稅務 Youtuber

太雅

Content

來澳洲的契機

命運就是那麼奇妙！2011年第一次入境澳洲的時候，我只有計畫待3個月。沒想到，這一待就是11年。

由於身邊友人的經歷分享，當年我其實比較想去紐西蘭打工度假。無奈，我的存款不足以申請紐西蘭打工度假所需的財力證明。有位當時在西澳農場打工的朋友，建議我先來澳洲打工度假，她認為在澳洲存錢的速度可以比在台灣當上班族來得快。於是，聽從了她的建議，我賣掉了身邊唯一的資產：一輛裕隆老車。帶著900多元澳幣，踏上我的澳洲打工之旅。

剛到澳洲就想回台灣

對於我要來澳洲的農場打工，我的家人是非常不看好的。猶記得外婆當時對我說：「一個連碗都不洗的人，怎麼可能下田工作？」

她是對的！剛到農場工作時，我真的是吃足了苦頭。

在馬鈴薯車上篩選馬鈴薯會暈車，採蘋果一天賺不到70元澳幣。那個時候，我常問自己，來澳洲過這樣的日子還有意義嗎？既然賺不到錢，是不是乾脆信用卡一刷，買張機票回台灣好了？

但是，好強如我，儘管一邊在半夜偷哭，我還是咬著牙努力地撐過每一天，不想那麼快地向現實低頭。

⇧澳洲國慶日民眾上街遊行　　⇧著名的雪梨歌劇院　　⇧住在澳洲的工作旅社會認識來自各國的背包客，圖為我們週末到森林公園郊遊合影

　　所幸，我很快就習慣了這樣的生活。那時住在澳洲鄉下的工作旅社，旅社老闆會跟當地的農場主人打好關係，每當農場需要人工作時，就會請旅社老闆安排人過去工作，所以各國的背包客都會來到工作旅社居住，而我在工作旅社也結交了許多好友。蘋果農場的工作結束後，我換去酒莊剪葡萄枝。說實話，我挺享受那樣的生活。大家早出早歸，每天工作結束就和各國背包客聊天分享文化，三不五時做自己國家的食物與人共享。生活變得很樸實、快樂。

人生轉捩點，一份改變我人生的工作

　　在農場工作幾個月後，我開始想做點改變。左思右想，在什麼工作都要求要有相關經驗前提下的澳洲，除了農場工作我還能做些什麼？唯一想到的，就是餐飲業。

　　我再度發揮我勤奮的精神，不停地在澳洲的知名網站：膠樹(Gumtree)上搜尋我可以做的職缺。終於，我得到了一份在西澳鄉下餐廳的工作！懷著忐忑不安的心情，隻身前往那個礦業小鎮。但是，我從沒想過，這個工作將會改變我的一生。

　　這個餐廳很有趣。老闆是位中國女子，賣的餐點除了馬來西亞式的中餐

之外，還賣日式壽司和土耳其沙威瑪，而且只做外帶。剛到餐廳上班時，我做的就是些廚房雜工和點單收銀的工作。可是，或許是我多慮，我總覺得其中一位中餐廚師對我不是很友善。為了避免和那位廚師有太多的相處，我向老闆提出想調到沙威瑪的單位，她也爽快地答應了。就這樣，我不知不覺學起了店內各單位的工作。

接著，老闆又開始交付給我越來越多的任務。收銀機結帳、算薪水、跑銀行，她甚至開始教我用澳洲的會計軟體。也是那個時候，我發覺自己好像蠻喜歡這樣安靜作帳的氛圍。

有一天，她問我：「不如我雇主擔保妳讓妳留在澳洲吧？我需要一個可以信任的人幫我管理。」說實話，當下聽到真的很開心！我可以留在澳洲耶！這可是我從沒想過的機會！

於是，我興沖沖地去報考了雇主擔保需要用到的雅思。但是，興奮之餘，我也不免問自己：「如果被雇主擔保，那我可能一輩子都會待在餐飲業了，這真的是我想走的路嗎？」

向來不喜歡把自己人生交在別人手上的我，想起了從前在台灣工作時，主管對我說的一句話：「年輕人無論如何，都該去國外唸書闖一闖，對人生經歷很有幫助的。」

寫這本書的契機

我從2020年開始經營Youtube頻道以來，時常有網友想請我分享更多關於澳洲的細節。但是，有很多內容，礙於影片設計上的受限，用文字或許更容易表達清楚。心裡一直很想出一本書，能完整呈現我從零開始，到移民澳洲的心路歷程。把當初我四處碰壁習得的寶貴經驗，分享給同樣想移民來澳洲的你，給你最實用且具方向性的參考。

皇天不負苦心人，只要掌握方法，勤找機會，且不輕言放棄！你會發現，移民澳洲，其實沒有想像中的困難。

看著打工度假存下來的微薄積蓄，我請台灣的家人幫我詢問教育部關於海外留學貸款的事宜。我們驚訝地發現，申請手續並沒有想像中困難。

　　「老闆對不起，我想去東澳念研究所，自己申請獨立技術移民，謝謝您有意願擔保我。」

　　我就這樣婉拒了她的好意。

　　接下來的日子，我準備雅思、申請學校、上學、打工、畢業。當年，會計系畢業想移民澳洲的話，只要考到雅思學術組的4個7分就可以申請。對於許多會計畢業生遲遲考不到的雅思成績，我甚至強迫自己還在唸研究所時就考過了。

　　移民澳洲，感覺是那麼近在咫尺，就只差畢業了！

　　可是，老天彷彿想捉弄我一般。

　　就在我拿到結業證書，總算可以遞交永久居民申請意向的時候，我遇上了不負責任的仲介。這個經歷，在本書後面章節中會告訴大家。

　　靠自己，最實在。我開始研究各項移民加分項目，盡可能地湊分。最終，總算拿到澳洲永久居民，完成我的人生目標：定居海外(澳洲)。

關於作者

▶ TheBellaChen - 貝拉在澳洲生活

貝拉

國立台北大學企業管理學系畢業、澳洲中央昆士蘭大學商學院研究所

　　土生土長的台南人，大學至台北求學畢業之後，為了支付北漂高昂的生活費，從事過許多業務性質工作，也曾因喜愛出國旅行而從事國外業務的工作。因緣際會之下，受到朋友的鼓勵來到澳洲打工度假，並在打工期間接觸到會計領域，進而攻讀相關學位並申請技術移民，目前定居澳洲。2019年取得澳洲會計師執照，但於2022年因個人興趣取向暫停了會計師註冊(未來可能重新申請或轉往其他領域發展)。平日會在經營的Youtube社群平台上，分享澳洲的各種資訊、旅遊、稅務和新聞等題材。夢想是透過經營斜槓人生，早日達到財務自由，回到台灣退休並陪伴家人。

專有名詞中英文對照表
快速搜尋本書提到的超實用專有名詞及簡稱！

英文(以書中提到形式為主)	中文	簡稱	出現章節
IELTS	雅思	IELTS	B、C
PTE	培生英語考試	PTE	B、C
TOEFL iBT	托福	TOEFL iBT	B
Cambridge	劍橋英語	Cambridge	B
OET	職業英語考試	OET	B
Academic	雅思學術組	A類	B
General Training	雅思一般訓練組	G類	B
University Pathways	學前英文班		B
ACIC	澳洲刑事情報委員會	ACIC	B
AHRC	澳洲人權委員會	AHRC	B
Working Holiday Visa	打工度假簽證	WHV	B
Student Visa	學生簽證	Student Visa	B
Bachelor degree	學士課程	Bachelor degree	B
a Master degree or a doctorate degree	碩博士課程	a Master degree or a doctorate degree	B
Permanent Resident	永久居留權，永久居民	PR	B
Resident Return Visa	澳洲居民返回簽證	RRV	B
Expression of Interest	移民意向	EOI	B
Short-term stream	短期482		B
Medium-term stream	中期482		B
Labour agreement stream	勞工協議		B
Transition stream	過渡類雇主擔保移民	Transition stream	B
Direct entry	一步到位雇主擔保移民	Direct entry	B
Business Innovation Visa	188A 商業創新簽證	188A	B
Investor Visa	188B 投資者簽證	188B	B
Significant Investor Visa	188C 重大投資者簽證	188C	B
Business Talent Visa	132商業天才簽證	132	B
CPA Australia	澳洲會計師協會	CPA	B
National Accreditation Authority for Translators and Interpreters	澳洲翻譯協會	NAATI	B、C

英文(以書中提到形式為主)	中文	簡稱	出現章節
Department of Transport and Main Roads	昆士蘭州的監理站		B、C
Centrelink	澳洲社會福利中心		B、D
Parental Leave Pay	育兒休假津貼		B
Family Tax Benefit	新生嬰兒或托兒補助		B
JobSeeker Payment	求職補助金		B
Austudy	學習津貼		B
Age Pension	老年津貼/政府養老金		B、F
Adult Migrant English Program	成人移民英語課程	AMEP	B
Settlement Language Pathways to Employment and Training	定居到就業培訓計畫	PtW, SLPET	B
Australia Federal Police	澳洲聯邦警察	AFP	C
Suncorp Bank	澳洲商珂銀行	Suncorp	C
Gumtree	膠樹網站	Gumtree	C、D
Salvation Army	救世軍	Salvos	C
Vinnies	聖雲仙會	Vinnies	C
Op Shop	歐普店	Op Shop	C
Responsible Service of Alcohol	酒精服務負責證照	RSA	C、F
Flat White	馥芮白咖啡		C
Full Time	全職聘僱		D
Part Time	兼職聘僱		D
Casual	臨時工		D
Fair Work Ombudsman	公平工作監察員	Fair Work	D
Personal Leave for sick and paid carer's leave	病假／個人看護假		D
Long Service Leave	長期服務假		D
Casual Conversion	臨時員工轉換		D
Casual Loading	臨時工薪資加成		D
workcover	工作保險／工傷保險		D
Australian Business Number	澳洲生意號碼	ABN	D
tradesman	技術工人	tradie	D
Technical and Further Education	Tafe技職學校	TAFE	D
Boilermaker	鍋爐製造		D

英文(以書中提到形式為主)	中文	簡稱	出現章節
Plumber	水管工		D
Skilled Occupation List	技術移民清單		D
Tax File Number	稅號	TFN	D
Pay as you go withholdings	薪資預扣稅	PAYG Withholdings	D
Pay as you go instalments	預繳稅	PAYG instalments	D
Goods and service tax	商品服務稅	GST	D
TFN Declaration Form	稅號申明表		D
sole trader	個體經營		D
Single Touch Payroll	一鍵式薪資	STP	D
PAYG Payment Summary	傳統紙本薪資單(已不再使用)		D
MyGov	我的民政系統	MyGov	D
Services Australia	澳洲民政部		D、F
Superannuation Fund	退休金	Super	D
Self-Managed Superannuation Fund	自營退休金帳戶	SMSF	D
Stapled Superfund	綁定退休金政策		D
Notice of intent to claim or vary a deduction for personal supercontributions form	意圖申請退休金抵稅額表格	Notice of intent to claim super	D
Medicare	澳洲健保		D
Private Hospital Cover	私立醫院保險		D
Medicare Entitlement Statement	澳洲健保免支付申請書		D
Cover Letter	自我推薦信		D
Working Hostel	工作旅社		D
Linkedin	領英		D
Seek.com.au	尋找 - 澳洲最大的求職網站	Seek	D
Australian Taxation Office	澳洲國稅局	ATO	D
Income Protection Insurance	收入保障保險		D
White Card	白卡		F
Australian Working Life Residence	澳洲工作年限	AWLR	F

臺灣太雅出版編輯室提醒

讀本書前的小叮嚀

　　近年來，澳洲國稅局不斷對打工度假簽證持有者的稅率和退休金制度進行調整。本書主要針對計畫長久留在澳洲或移民澳洲的讀者而設計，若是打工度假面臨的所得或退休金稅率與本書不同，建議讀者自行上國稅局網站查詢最新消息，而非以訛傳訛。

　　澳洲政府採分層自治，分別為：聯邦政府、州政府和地方政府等。除了稅收、移民、國防、外交及航空事務為聯邦政府管轄外，其餘由各州政府（領地）和地方政府負責，故生活相關事項在每州的規定皆可能不同，可洽各州的相關部門辦理。

請隨時利用書上提供的QR Code及網址
取得最新移民資訊

　　澳洲移民局對各專業的需求會隨國內的供需關係而變動，「改變」於是成為不可避免的常態。雖然本書的作者與編輯已經盡力，讓書中呈現最新的資訊，但是，仍請讀者利用作者提供的QR Code，隨時查詢移民局或各政府機構的最新資訊。

　　本書整理許多重要表格如：P.19的擔保簽證配額、P.28的EOI評分表、P.102各專業的最低邀請分數或甚至D章節提供的退休金資訊等等，除本書外皆可上澳洲國稅局、移民局或澳洲民政部網站洽詢。

　　P.71的稅務細項表格僅以2023財政年年薪6萬澳幣做示範，並主要以澳洲稅務居民的稅率為主，關於不同年收所應繳納的稅款，請使用P.78的Pay Calculator QR Code自行輸入計算。

歡迎來信提供修訂資訊

　　歡迎讀者將你所知道的變動後訊息，善用我們提供的「線上回函」或是直接寫信來taiya@morningstar.com.tw，作為日後修訂資訊時的查證參考。

太雅旅遊編輯部

移民澳洲

移民澳洲雖不容易,卻並非遙不可及!本章節帶你一探澳洲各個簽證類別,了解自身優勢,做好準備。

該知道的事

Chapter

stralia

Immigration

從打工度假
轉成學生簽證的過程

預備
留學資金

你是否和我一樣，曾經懷著去國外留學的夢想，但一想到資金來源就洩氣？尤其，每每聽到鄰居說，誰家的小孩到國外留學花了幾百萬，再看看自己每個月都見底的存款，出國留學就彷彿天方夜譚般的遙不可及。

資金，真的是出國留學的第一阻礙，但是我克服了。不單是我，與我一起念研究所的許多來自各個國家的同學，他們也曾擔憂過學費的問題。但是，我可以自信地告訴正在讀這本書的你，我們都做到了！儘管沒有富裕的家庭背景，但我

們還是靠自己半工半讀，拿到澳洲公民的身分，並且買車、買房、在澳洲各組家庭。看到這裡，你是否對你想來澳洲的決定更有信心？

時間回到2013年，我打工度假簽證即將到期，因為之後想轉成學生簽證，我上網看了幾個學校的學費，最便宜的碩士課程約需2萬多澳幣。一位仲介跟我說，我只要付得出第一學期的學費即可，之後的學費可以趁寒暑假慢慢賺。所以，我申請了50萬台幣的教育部留學貸款，可以支付初期的學費和一些生活費。

這邊想提醒大家兩點：1.雖然我申請學校時，沒有被要求出示存款證明，但每個學校規定不同，可以針對你想念的學校，請仲介問看看相關規定。2.早先澳洲政府有規定學校開學的期間，每個留學生每兩週的打工時數不得超過40小時，但在休假期間則沒有時數的限制。之前由於新冠肺炎的影響，澳洲政府於2022年1月將打工時數的限制移除，所以當時的國際學生可無限制地工作。無奈的是，在2023年7月1日已恢復舊制的時數限制，但將時數限制增加到每兩週48小時，對於需要半工半讀籌措學費的同學們，仍算是一個不錯的消息。

⇦教育部留學貸款官網

選擇
學校及
科系

確認資金及生活費的來源後，下一個煩惱就是選科系。我當初是在會計、法律和資訊工程之間做抉擇，最終選擇了和我大學所學相關的會計系。

學校的部分，我則是在中央昆士蘭大學(CQ University)和昆士蘭大學(The University of Queensland)之間猶豫。獅子座的虛榮心加上大學沒考上台大的挫敗感，一度讓我非常想選擇世界排名百大內的昆士蘭大學。然而，我最終還是不敵中央昆士蘭大學提供的獎學金誘惑，選擇了學費減免20%的中央昆士蘭大學。

現在想想，很慶幸當初是選擇中央昆士蘭大學而不是昆士蘭大學。我唸書的目的是為了移民澳洲，比起學校的排名，在預算範圍內可以完成課程更符合我的需求。假如我當初真的選擇了昆士蘭大學，可能最終會無力負擔全部的學費加上生活費吧！

在這裡要特別提醒大家，一定要先確定好自己留學的目的再選擇學校。以我個人的觀察來說，畢業後打算回台灣發展的同學，需要盡量選擇名校；如果只是為了移民而打算在澳洲留學，那選擇一間符合條件但費用相對低廉的學校就足夠了。還有，即便你打算留學後移民澳洲，在填寫留學原因時也不能明目張膽地告訴移民局，你是為了要移民澳洲才留學，這是個公開的祕密。

⇧中央昆士蘭大學布里斯本校區入口處，只是在一棟市區的大樓裡租的校區

⇧中央昆士蘭大學布里斯本校區的周遭環境

考雅思
的技巧

想要來澳洲留學或移民，大多需要通過英文檢定。在澳洲，大部分會採用的檢定有5種：雅思(IELTS)、培生英語考試(PTE)、托福(TOEFL iBT)、劍橋英語(Cambridge)及職業英語考試(OET)。多數人會參加雅思或培生，而我當初考的是雅思。

雅思又可分為學術組(Academic)及一般訓練組(General Training)。如果你要來澳洲留學或申請職業技術評估，需要準備學術組的考試，以下我們稱它為A類；假如是為了申請移民，移民局可以接受學術組及一般訓練組，以下我們稱它為G類的成績。

自我設定作答時間，反覆練習

本書一開始有提到，我在得到雇主擔保的機會時，已經考過G類的雅思，所以後來準備留學時，我只針對A類的閱讀和寫作做了練習。A類閱讀比起G類困難很多，常常會有看不懂的部分。我會規定自己每大題都要在15分鐘內找完答案，真的有必要延長時間的話，也絕對不超過20分鐘。所以，我每次寫完閱讀測驗後，就會剩下15分鐘，可以好整以暇地去回答前面跳

⇨劍橋雅思官方用書，也是我
唯一推薦的雅思準備參考書

Youtube：
我有分享過好用的
作文架構

評分標準

計分方式　評分系統　評分範例

雅思考試採用國際認可的9分制評分系統，準確反映考生的語言水準。
每個分數版級別有對應的描述。

各級分解讀如下：

第九級 – 專家級用者
英語能力極高，用語恰當，準確而流暢，能完全掌握英語。

第八級 – 優秀級用者
英語能力極高，只會偶然出錯或使用不當，在陌生環境中偶有誤解情況出現。能應付複雜和詳細的辯論。

第七級 – 良好級用者
雖然具備良好英語條件，但在某些環境中亦會出現不宜或誤解的情況，對於複雜的英語大致上能運用自如，並能理解詳細的論說。

第六級 – 普通級用者
通曉英語，偶爾也會出錯，使用不當或產生誤解。在熟悉的環境中尤能使用及理解較複雜的英語。

第五級 – 中等程度級用者
通曉部分英語，雖然經常出錯，但在不同環境中均能明瞭大意。應可在自己崗位內以英語作基本溝通。

第四級 – 有限度用者
具備在熟悉環境中使用基本英語的能力。在理解和表達方面經常遇到困難，不懂運用複雜的英語。

第三級 – 極有限度用者
只能在非常熟悉的環境中傳達及理解大致意思，溝通會經常中斷。

第二級 – 間歇用者
未能真正利用英語作溝通，只能在熟悉的環境中以個別詞彙或短句，表達基本資訊或解決即時需要。在了解口語及書面英語方面有重大困難。

第一級 – 非英語用者
除少數單字外，基本上不懂英語。

⇧ 台灣雅思官方公布的評分標準

過的題目。或許是因為壓力減輕了，很多之前怎樣都找不出答案的題目，突然間就變得很容易回答。與其說雅思測試的是英文能力，掌握雅思的考試技巧更顯重要。考閱讀時，我時常秉記高中老師說的：「先看閱讀題目再去文中找答案，不要傻傻地讀完整篇閱讀。」儘管我面對雅思閱讀常常一知半解，但在滿分9分的情況下，靠著掌握閱讀考試技巧和時間控管，我幾乎每次閱讀都能拿到8分左右。

　　寫作方面，我會練習歷年的雅思作文題目，再請學校裡檢查報告文法的助教修改。我本身也有在Youtube裡分享過好用的作文架構，大家可以參考。

　　假如你實在無法考到大學要求的雅思成績，許多大學也有附設學前英文班(University Pathways)，只要結業就可以銜接該所大學的文憑課程。近年來，許多人轉向準備培生英語考試，也取得不錯的成績。

選對州
有助
留學移民

澳洲總共有6個州和2個領地。而該去哪個州留學，則跟你留學的目的息息相關。

在我留學移民的路上，甚至開創Youtube頻道以來，最常聽到人家問：我現在已經畢業了，最近才興起要移民的念頭，但目前技術移民好競爭，我該怎麼辦？古人說：「工欲善其事，必先利其器」。在我移民碰壁的那一年，我瘋狂地在澳洲境內找尋各式各樣的機會。「什麼！原來在南澳念大學的話，成績好就可以移民？」「現在北領地和塔斯馬尼亞，只要能拿到工作合約並工作滿半年，就可以辦理移民，我該搬過去嗎？」那一年，各州彷彿都在釋出移民利多，但我卻一個都不符合。

各州與領地的擔保簽證配額
(State and Territory nominated visa allocations)

州名	技術移民190簽證	偏遠地區技術移民491簽證	商業創新和投資計畫
澳洲首都領地	2,025	2,025	10
新南威爾斯州	9,108	6,168	260
維多利亞州	12,900	2,000	170
昆士蘭州	3,000	2,000	235
北領地	600	1,400	15
西澳	5,350	2,790	40
南澳	3,000	5,800	70
塔斯馬尼亞	2,150	2,100	10
總計	38,133	24,283	810

(表格更新時間：2023年4月12日，最新配額請參照下頁QR Code)

澳洲移民局每年的
移民配額分配網站,
可以查到各個簽證和
各州每年可擔保的
移民配額

大部分來澳洲留學的人,偏好去墨爾本、雪梨和布里斯本讀書。但是對於畢業後打算移民澳洲的同學,我認為應該先做好研究,找出對移民友善的州,再去就讀該州的大學。舉例來說,把所有州的「州擔保職業清單」列在一起,可以發現北領地的職業清單是最多種類的。而南澳跟西澳,則是繼新南威爾斯和維州之後,提供最多技術移民州擔保名額的州。事先找好對移民相對友善的州,並找出該州嚴重需求的職業,確保自己能考到該職業所需要的雅思╱培生英語考試分數(例如:註冊護士需要考到A類雅思4個7分)。 即使沒有任何人能保證移民肯定成功,至少你已經贏在起跑點上了。

增加
畢業後的
求職機會

想要在畢業生求職潮中脫穎而出,除了要確保在校成績優異,還要累積相關的工作經驗和義工經驗。

打開澳洲知名的求職網站Seek.com.au,隨便輸入一個畢業生職缺。除了要求要有合法工作身分之外,幾乎都需要求職者有良好的人際溝通能力和相關的工作經驗。在澳洲,大部分公司都偏愛聘請有工作經驗的畢業生。而優秀的在校成績可以讓你的履歷在眾多申請者中,令人資的眼睛為之一亮,對你產生興趣並邀請你面試。

當年求學的時候,幾乎每個同學都有兼職工作。有些人利用本身出色的外表,在高級餐廳做調酒師,領著極高的時

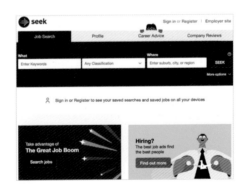

⇦澳洲知名的求職網站Seek.com.au,相當於台灣的104

薪；也有些同學做些財務、記帳等和我們所學相關的工作。最後能留在澳洲的，幾乎都是後者。

累積相關的工作經驗，除了讓你畢業後找工作更具競爭力，有時甚至能幫你拿到雇主擔保的機會。在這個日趨競爭的移民環境下，無疑是多給了自己一個選擇。如果你正在澳洲留學或有前往留學的打算，不妨利用課餘時間，找份和所學相關的工作機會，累積澳洲的工作經驗。

↑我的履歷縮影，大家也可以使用類似格式製作自己的履歷

留學生在澳洲面臨的挑戰

離開從小長大的環境到異鄉學習，難免會碰到許多生活、文化、語言以及課業上不適應的地方。藉由分享一些我當初面臨到的問題，希望能幫助想要到澳洲留學的你有些心理準備。

語言隔閡

還沒開始上課時，我對其中必修的公司法和商事法兩科感到非常恐懼。在台灣的大學修商事法時，面對密密麻麻的法律條文，我當時已是低空飛過，更何況現在要面對英文版的法律條文？果不其然，學期剛開始時我經常聽不懂老師的授課內容。 於是我強迫自己每週複習並且練習歷屆考題，練習完後就寄給老師審批。漸漸地，我開始跟上了進度，上課時也不再有聽不懂的困擾。遇到有困惑的內容，就在下課時詢問老師，他們也都很樂意解答我的疑惑。

期末考結束後，某日我遇到授課教授，他說我的成績是全澳洲各分校中最高的，甚至超越澳洲本地學生，當下我真的

澳洲刑事情報委員會
(ACIC)網頁。
上面有各項緊急情況
該撥打的電話

澳洲人權委員會
(AHRC)網頁。
幫助新移民了解自己
的權利,及受到各種
歧視的申訴管道

覺得開心又有成就感。無論是在課堂或生活上,聽不懂不用擔心,記得要勇敢開口發問,你才會越來越進步。

文化差異

你是否曾在電視上看過西方學生踴躍發言,而東方學生卻相對安靜的畫面?害羞、被動似乎是我們從小接受填鴨式教育之下的副產品?但是,到了國外我們可以學習跨出心中的那道坎。同學在課堂上熱烈討論時,會激發出不曾想過的解決方案,提出令助教或教授激賞的論點。

澳洲的課程也不似台灣安排得密集,更多自由時間可供學生在家消化課堂上吸收的知識。在這裡學生需要自律,事先對課業有所安排,再按步就班地完成。從澳洲的教育環境中,會學習到更獨立自主且自律的生活方式。

學習獨立

遇到困難時,由於時差和距離的關係,無法像在國內一樣,能立即得到親友的支持。我們不得不獨自面對各種挑戰,學習獨立。自己去銀行開戶、洗衣做飯、打電話給各機構解決問題,是每個初到國外留學生的必經之路。

在寫這個主題前,我問了我的朋友,當初去英國讀書感受到最大的挑戰是什麼?她覺得是「治安」考量。以Numbeo世界資料庫的數據來看,澳洲整體是相對安全的。儘管各個城市之間的犯罪情況不盡相同,大家在澳期間還是要保護好自己,不讓國內的家人擔心。

遇到任何需要救護車、警察協助或火災的情況,都可以撥打000,或上澳洲刑事情報委員會(ACIC)網站撥打其他專線。

假如不幸遇到種族歧視,除了可以撥打000及131 444以外,也可以向澳洲人權委員會(AHRC)申訴。

澳洲是一個民主自由的國家,沒有任何人有權利能以任何形式傷害你。一個人隻身在外,要記得善用周邊的資源、保護自己,免得讓深愛你的家人擔心。

澳洲的簽證類型

the BEE GEES

可以來澳洲工作的簽證

儘管懷有出國夢,但一個普通人該靠什麼途徑才能合法地到澳洲工作?我認為,大家首先要評估自己現有的資源。以下,我會依照難易程度,由淺入深地介紹4個可以在澳洲合法工作的簽證。

打工度假簽證

打工度假簽證 (Working Holiday Visa)共分為2種簽證類別:

澳洲移民局
關於打工度假417簽證
申請的詳情相關

澳洲移民局
關於打工度假462簽證
申請的詳情相關

Youtube：
澳洲打工度假該注意
的事項

417簽證以及462簽證。一般來說，台灣及香港的護照持有者申請417簽證；而馬來西亞、新加坡及中華人民共和國的護照持有人會申請462簽證。

這兩個簽證大致相同，只需年齡介於18歲到30歲，符合相關條件皆可申請。假如你即將滿31歲，申請簽證時尚未過31歲生日，也是符合資格的。關於簽證申請的細節要求和申請網頁，請參考左邊的QR Code。

打工度假簽證對資金的要求相對較低，只需要備有5,000元澳幣左右的存款證明，符合健康條件即可。而462簽證相較於417簽證來說，還多了學歷及英語能力的要求。

拿到打工度假簽證後，可以合法在澳洲學習長達4個月或者從事短期不超過6個月的工作。如果在移民局指定的郊區從事農礦業採集或其他特定工作滿3個月，還可以再延長1年的簽證時間，最多可延長2次。

我個人覺得，這個簽證適合想要到國外工作或體驗國外生活，但是手頭上資金不多的人。如果是未來有打算到澳洲留學但想先打工存學費的話，也是一個不錯的選項。

學生簽證

學生簽證 (Student Visa) 相較於打工度假簽證來說，因為需要繳交課程費用，屬於所需資金較高的簽證。依照課程時間長短的不同，簽證持有人可以待在澳洲最多5年的時間，也可以讓配偶及未成年子女陪同前來澳洲。

學校開學期間，簽證持有者可以合法在澳洲從事每兩週不超過48小時的工作(從2023年7月1日開始實施)，相較於往年每兩週不得超過40小時的規定，算是澳洲政府在疫情過後的通融，同時可確保國際學生在學業上能有足夠時間專心學習，不會因打工而荒廢課業。

配偶的部分，其可工作的時間受限於簽證持有者所攻讀的學位。舉例來說，攻讀學士課程(Bachelor degree)學生的配偶，不管有沒有在唸書，每兩週不得工作超過48小時，而攻

讀碩博士課程(a Master degree or a doctorate degree)學生的配偶，則沒有任何的工作時數限制。

完成某些特定學位的海外留學生亦可在畢業後申請畢業生485簽證，依照國籍與學習的不同，畢業後可停留在澳洲1年半到5年的時間。許多畢業生會利用這個時間尋找雇主擔保或者準備移民事宜。

澳洲移民局
關於學生簽證的
相關規定及申請

工作簽證

工作簽證分為很多種，以前最常見的簽證類別為457簽證，但自2018年3月18日起，457簽證已被新的工作簽證482取代，簽證持有人可留在澳洲工作長達4到5年的時間。

工作簽證申請人的類型相對廣泛。有些是澳洲畢業後的留學生，利用畢業生485簽證的期間，在澳洲找到雇主擔保；有些是長期在台灣工作的員工，直接被雇主外派到澳洲分公司工作。

關於畢業生
485簽證的三種
不同類別

但是，無論哪種情況，在遞交工作簽證前，都要確保雇主具有擔保資格，還有提名職位的正當性。舉例來說，會計事務所在提供雇主擔保時，營業額和企業員工需達到移民局的規定、速食店及外帶餐廳不具擔保資格以及小規模公司不能夠擔保公司總經理等。移民局會視該擔保的職缺是否具有「必要性」來決定是否該核准其擔保。

另外，工作簽證的持有者不能為提名雇主以外的人工作，否則會被取消簽證。

永久居民

澳洲的永久居留權 (Permanent Resident，又稱PR)，其實是一個5年效期的簽證，如果一直待在澳洲境內，這個居留權會一直有效。但是，如果在5年屆滿之際，需要以永久居民的身分出境或入境澳洲的話，則需要申請澳洲居民返回簽證(Resident Return Visa，簡稱RRV)。基本上，若是5年內有在

澳洲住滿2年，可重續一個5年的澳洲居民返回簽證。不過因為台灣承認雙重國籍，許多台灣人會直接申請澳洲公民，免去續簽的麻煩。

　　獲得澳洲的永久居留權後，可享有許多與澳洲公民相同的福利與待遇。工作權利基本上也不受限制，除了某些政府機關的工作，如：國稅局會限定只有澳洲公民才能申請。

澳洲居民返回簽證 (Resident Return Visa) 的申請分類

五年內在澳洲居住滿	與澳洲有緊密聯繫	必須離開澳洲的說服力理由	可得到的RRV類別及時效
兩年	無需證實	無需證實	5年的155簽證
至少一天	有	無	1年的155簽證
至少一天	無	有	3個月的157簽證
低於一天	有	有	1年的155簽證

表格彙整時間：2022年6月，如有變動請以移民局網站為準

如何在澳洲**申請**永久居民

　　澳洲地大物博且擁有良好的社會福利，又比美國更鄰近亞洲，是許多人移民的首選。以下，我將移民澳洲的方法分為4大類別來介紹：

依親移民、配偶移民

　　這兩類移民方式主要是依賴有身分的子女或配偶擔保。依親移民的部分，只要子女或其配偶是澳洲的公民、永久居民或甚至定居澳洲的紐西蘭公民，在滿足移民局條件的情況下(例如：財務要求、定居要求)，可申請排隊性父母移民(簽證類別103)或貢獻性父母移民(簽證類別143)。只是目前簽證申請人數眾多，移民局處理速度緩慢，即便是需要繳4萬多元澳幣保證金的143貢獻性父母移民，等待下簽時間可能都會高達十幾年，更遑論排隊性父母移民了。

　　配偶移民的部分，只要另一半是澳洲公民或永久居民，雙

方年滿18歲以上，有婚姻關係或一年以上的同居關係，即可辦理申請。而在澳洲的移民法律中，同性或異性伴侶都是一視同仁的。一般來說，移民局會先頒發給配偶移民申請人一個臨時性的820簽證，約兩年後再轉為永久居留性的801簽證。配偶移民的等待期間依申請人條件，會有所不同，從6個月到37個月不等或甚至更久，可上移民局官網查詢。

技術移民

澳洲有兩種技術移民簽證，分別為獨立技術移民189簽證及州擔保技術移民190簽證，兩個簽證十分類似，但後者需要有州政府擔保提名。建議大家在條件符合的情況下，兩個簽證都要申請移民意向 (Expression of Interest，簡稱EOI)。

EOI是移民局發布的一個評分系統，舉凡有意願靠技術移民移居澳洲的人，需要準備好職業評估及評估自身的條件，在EOI達到至少65分的前提下，可以向移民局遞出申請。遞出的申請會進到移民局及各州政府的系統中，依照分數高低及申請時間前後的順序排列，優秀或較早遞交的申請人可得到邀請，進而申請永久居民189或190簽證。

值得注意的是，189簽證的最低邀請分數和邀請進度可以在移民局網站上查到，但190簽證是由各州政府遞出邀請，目前並無網站可以查詢邀請進度。

⇦澳洲移民局的EOI申請網站

澳洲移民局
邀請進度及各職業的
最低邀請分數

Youtube：
澳洲移民最容易取得
永居的職業

EOI 評分表

評分項目	分類	分數
年齡	18～24歲	25
	25～32歲	30
	33～39歲	25
	40～44歲	15
	45～49歲	0
英文程度	雅思各項不低於6分／PTE各項不低於50分	0
	雅思各項不低於7分／PTE各項不低於65分	10
	雅思各項不低於8分／PTE各項不低於79分	20
與申請移民相關的工作經驗 (過去10年內)		
澳洲境外	少於3年	0
	3～4年	5
	5～7年	10
	8年或以上	15
澳洲境內	少於1年	0
	1～2年	5
	3～4年	10
	5～7年	15
	8年或以上	20
學歷	博士學位	20
	碩士/學士學位	15
	澳洲教育機構的文憑	10
	職業評估及相關資歷	10
其他	在澳洲就讀特別領域的碩士／博士課程滿2年 (92週)	10
	澳洲學歷	5
	職業年(Professional Year， 限會計、科技等領域學生)	5
	澳洲翻譯協會翻譯證照或社區語言考試(CCL)	5
	澳洲偏遠地區學習	5
婚姻關係	配偶符合技術移民或英文條件並一同申請簽證	5-10
	單身或配偶為澳洲公民或永久居民	10
提名	州政府提名 (190簽證)	5

表格彙整時間：2023年3月20日，如有變動請以移民局網站為準

雇主擔保移民

前面提到工作簽證482簽證，這個簽證共分為短期(Short-term stream)、中期(Medium-term stream)及勞工協議(Labour agreement stream)3個類別。除了短期之外，後面2個允許482簽證持有人在為同一個雇主工作滿3年後，申請186雇主擔保永久居民或187偏遠地區雇主擔保永久居民，一般稱之為過渡類雇主擔保移民(Transition stream)。

但是，假如申請人本身具有與提名職業相關的3年全職經驗，也能取得職業評估，則不需要等待3年，可直接申請186永久居民簽證，又稱一步到位「雇主擔保移民」(Direct entry)。

近年來由於疫情影響，加上澳洲勞動力短缺，移民局隨時會針對市場需求進行變動，目前已確認會在2023年底前對186雇主擔保進行改革，允許482簽證持有者在工作2年後申請永居，而不需等待3年。有意申請者請隨時上澳洲移民局網站查詢最新資訊，或諮詢專業的移民仲介。

投資移民

如果你具有一定的資產，並且有經商經驗或想在澳洲投資，不妨參考商業投資移民。比較常見的商業投資移民有分188及132兩種簽證，而188簽證甚至可細分為3種不同的類別，每個類別都有不同的要求，在此僅簡單介紹各類別，有需求的人請洽詢移民仲介。

- 188A 商業創新簽證 (Business Innovation Visa)
- 188B 投資者簽證 (Investor Visa)
- 188C 重大投資者簽證 (Significant Investor Visa)

188簽證屬於4年的臨時簽證，滿足其他條件後，可申請888永久居民簽證；相反地，132商業天才簽證(Business Talent Visa)，則是澳洲商業簽證中，最適合大型企業主，並且可以一步到位的永久居民簽證。

移民路上吃的虧

說到移民，除了自己申辦以外，很多人會使用移民仲介。但是，千萬不要一昧地相信仲介告訴你的話。專業盡責的仲介儘管不少，但不負責任或想從客戶身上多賺一點的仲介也是大有人在。這個章節將會分享我自己及朋友身上真實發生的案例，讓大家了解自己本身也要做好移民研究功課的重要性。

仲介的知情不報害我差點移民失敗

一般來說，移民局簽發學生簽證時，會多給予半年左右的時間。在我即將畢業的那幾年，大多數海外留學生會利用這半年考取移民所需的雅思成績，直接申請移民。在當時，大家會盡量避免使用到畢業生485簽證，以節省1,000多元的簽證費用。只是，近年來技術移民競爭日趨激烈，485簽證已變成留學生拿來找雇主擔保或累積EOI加分的一個不可或缺的途徑了。

我是在求學時就已經取得了移民所需的雅思A類4個7分。這意味著只要我一畢業，就可以申請技術評估，向移民局遞交EOI移民意向。

這邊有個前提要告訴各位。會計系的學生假如學了ABC共3個科目，配上雅思A類4個7分，可以取得會計的技術評估；但若學了ABC加審計，搭配同樣的雅思分數，即可多申請1個審計的技術評估。由於每個人可以遞交不只1個的EOI，多申請1個技術評估，可以增加移民成功的機會。

只是，當時的我，並不知情。但是，當時幫我申辦的仲介是知道的。

這個移民仲介公司是一對夫婦，太太是台灣人，負責拉攏人脈及業務；先生是澳洲人，是有註冊的移民代理。於是，平常與我往來聯絡的是太太，幫我申辦簽證的是先生。

在我畢業的那年，移民局正在緩慢地將會計移民的EOI分數拉高，從60分到65分，甚至這兩年已達到100分才能獲邀的情況。當時坊間的仲介在幫會計系畢業生辦理移民時，會幫忙申請會計+189簽證、會計+190簽證、審計+189簽證及審計+190簽證這4個標配。

而當時幫我申請的先生，只申請了會計+189簽證這個選項，那時我的EOI分數是60分。

於是，我開始數月的等待。由於不知道一個人可以遞交多個EOI，除了等待之外，我三不五時會問太太目前會計移民的獲邀情況，然後她就會問我要不要多花1萬元澳幣去上會計

職業年，是個花錢上1年之後就可以EOI加5分的課程。想當然，他們是可以抽佣金的。

感覺移民遙遙無期的我，開始上各大社交媒體追蹤最新的會計移民情況。就是那時候，我發現原來一個人可以遞不只一個EOI。我甚至發現，許多在我之後申請的人，都用審計60分拿到了永久居民。

我終於寫信問了那位移民仲介，而他的回答是肯定的：「沒錯，一個人可以遞交多個EOI。」

生氣的我跑去找太太理論，而她的回答是：「妳以為多上一門審計就能多拿一個技術評估嗎？哪那麼容易？」

很抱歉，就是那麼容易！

於是我自己申請了審計的技術評估，換了仲介，新仲介也幫我遞交了所有審計可以申請的EOI。記得當時我遞交的日期是8月11日，而審計60分最終邀請到了8月8日左右。在那之後，審計就跟會計一樣，升上65分。由於EOI獲邀方式是分數高低優先於申請日期，我再度開始了無止盡的等待。

只想斂財的移民仲介

技術移民簡單來說，就是拿到職業評估及滿足需要的EOI分數，即可被移民局邀請申請永久居民。

要取得會計的職業評估，必須附上會計系的結業證書及雅思A類4個7分。前面提到完成一年的會計職業年課程可以EOI加5分，但它還有一個功能，就是取代雅思A類4個7分，幫助會計畢業生拿到會計的職業評估。

在會計60分就可以獲邀的年代，如果有人無法考到雅思A類4個7分，可以靠上會計職業年來取得技術評估，加上其他的加分項目(如：澳洲境內1～4年的會計工作經驗可加5～10分)，就能完成189獨立技術移民。

我有個朋友，剛好符合這個條件。

但是，他的仲介從未告知這個資訊，只是規勸他去尋求雇主擔保，甚至還銷售他一些沒有用的課程。

當年提供457工作簽證擔保員工的雇主，在移民局的要求下，有義務進行一定金額的教育訓練。碰巧的是，為達澳洲會計師協會CPA的要求以及隨時跟進澳洲稅務法規，會計師事務所每年都會進行非常多的教育訓練。

　　但是我那位朋友的仲介，卻宣稱會計事務所提供的訓練無效，只有跟她購買的課程才是符合移民局要求的訓練。

　　可是事實果真如此嗎？當然不是。

　　後來我朋友去詢問別家仲介後，發現事務所平時提供的進修已足夠滿足移民局的規定了，並不需要另外購買那位仲介代理的課程。而那位仲介也因自己的私心被發現，不悅地和我朋友解除合約關係。然而，此時我朋友已錯過可以自己申請獨立技術移民的機會，只能透過雇主擔保轉永居的方式申請移民，但終究算是不幸中的大幸。

　　透過種種經歷，我發現，我們是否能移民成功其實仲介不一定在乎，畢竟他們的仲介費用在一開始申辦時就已透過訂金方式收得差不多了。但是，移民成功與否很可能會改變我們的一生。奉勸各位有意移民海外的話，一定要自己做好功課，不要讓自己的未來完全掌握在仲介的手中。

⇧布里斯本的移民局辦公室，有時可見許多人大排長龍

澳洲政府給予新移民的協助

澳洲身為一個移民占大宗的國家，以2022－2023年來說，移民局數據就顯示淨移民人數高達40萬人(含臨時簽證持有人)，加上優惠的移民政策，移民人數預計持續高於政府預期。面對來自不同文化的新移民，澳洲政府自然會落實各種照顧新移民的福利與措施，以提升新移民生活及融入當地社會的能力。

以下是新移民會經常觸碰到且需要知道的機構與福利。

澳洲
翻譯協會

澳洲翻譯協會(National Accreditation Authority for Translators and Interpreters，簡稱NAATI)。澳洲翻譯協會是澳洲為全國口譯及筆譯員提供認證的機構。身為來自母語非英語系國家的我們，在很多地方會需要用到澳洲翻譯協會的服務。下面我會以翻譯性質的不同，簡單分類一些常見需要的服務：

筆譯

以我們中文語系來說，筆譯可分為中翻英和英翻中兩種。我來到澳洲之後，首次接觸到澳洲翻譯協會是因為需要轉換駕照。以當年的法規，我將台灣駕照請澳洲翻譯協會筆譯人員翻譯成英文之後，配上身分證明文件及駕照正本即可向昆士蘭州的監理站 (Department of Transport and Main Roads)申辦昆州駕照。每個州的監理站規定及可承認的國外駕照都不太一樣，大家可以自行洽詢。此外，如果與人發生訴訟，但是往來的語言非英語時，也要事先請澳洲翻譯協會筆譯人員翻譯成英文之後，才可以成為訴訟材料。

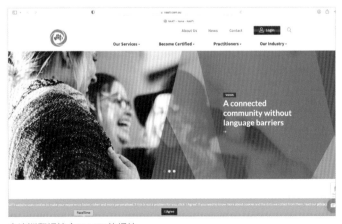

↑ 澳洲翻譯協會(NAATI)的網站

⇧昆士蘭的澳洲翻譯協會辦公室位於布里斯本袋鼠角(Kangaroo Point)多元文化中心的二樓

口譯

　　若是擔心自身英文能力在某些地方無法表達清楚，例如：醫院、法庭等，也可申請澳洲翻譯協會的口譯服務。假如去醫院時需要口譯服務，可在掛號時提出要求，醫院那邊會幫忙安排口譯人員進行翻譯。

　　筆譯和口譯：除了提供口譯及筆譯認證的服務之外，如同前面技術移民EOI評分表所示，它還是一個申請技術移民的加分工具。只要通過筆譯或口譯其中一項，拿到澳洲翻譯協會認證，即可在獨立技術移民的EOI分數上加5分。

澳洲社會福利中心

　　要申請澳洲的各種福利及政府補貼，就一定要知道澳洲社會福利中心(Centrelink)。這是一個政府部門，旨在為許多需要幫助的澳洲公民及永久居民提供福利補貼，如：退休人士、育兒父母、殘障人士、失業人士及澳洲原住民等。

　　在2019年1月1日之後拿到永久居民的申請者，針對不同

⇧澳洲Centrelink外觀

的福利補貼，需要等待1～4年的時間，才可以領取大部分的福利。常見的申請津貼有：育兒休假津貼(Parental Leave Pay)、新生嬰兒或托兒補助(Family Tax Benefit)、求職補助金(JobSeeker Payment)、學習津貼(Austudy)及老年津貼(Age Pension)等。

　　若是無法用英文流利溝通的申請者，可以請澳洲社會福利中心預約現場口譯服務，或是撥打他們的多國語言服務電話131 202，即可和講中文的工作人員洽詢。

新移民的
免費
英語課程

查詢家中附近
成人移民英語課程
地點的網址

　　成人移民英語課程(Adult Migrant English Program，簡稱AMEP)是一項由澳洲政府資助，為18歲以上符合條件的新移民提供的一項免費英語課程計畫。這項免費課程已於2021年4月19日取消了上限510小時的限制，往年規定從課程開始到結束課程之間的時間限制也已經取消，為的就是讓新移民能針對自身條件做更彈性的安排，好好學習英文並且融入澳洲當地生活環境。

　　成人移民英語課程的課程選項非常靈活，有分全日制、非全日、夜間或週末等。除此之外，有學齡前子女的學生，可在上課期間使用成人移民英語課程的免費托兒服務，學生本身也能更放心地上課學習。

一起

澳洲為什麼依賴移民？澳洲人跟美國人像嗎？
從小到大你對海外的認知，在這邊可能完全被
顛覆！來看看你可能遇到哪些「文化衝突」？

了解澳洲

Chapter

stralian

Culture

移民對澳洲的重要性

澳洲的移民歷史最早可追朔到5萬年前，當時的第一批移民就是現在的澳洲原住民。直到1788年1月26日，英國第一艘遣送罪犯的船隊抵達雪梨灣(Sydney Cove)，這是澳洲史上第一次最正式的群體性遷入。如今，1月26日也已被定為澳洲的國慶日，儘管許多澳洲原住民會認為這是他們被入侵的日子。

新移民為澳洲帶來經濟與人口的成長

經過二戰過後，歐洲一片狼籍，冷戰時期美蘇之間的核軍備競賽，讓許多人將澳洲視為相對安全的地方。於是，在1945到1965年間，澳洲政府釋出利多，資助許多人移民來澳洲，唯一的要求是新移民必須居住在澳洲2年以上並從事政府給予的工作。在當時，約有200萬左右的新移民來到這塊土地，為澳洲經濟及人口帶來巨大的成長。

澳洲身為一個移民國家，以吸收各式的人才及資金來促進國家的經濟發展與創新。澳洲統計局在2021年的統計數據顯示，51.5%的澳洲公民為移民(移民第一代或是跟隨父母移民來澳洲)。中文是繼英文之後在澳洲的第二大語言，根據2016年人口普查的結果，普通話和廣東話的使用者在澳洲約占3.7%。即便到了2021年，普查結果依舊顯示中文仍是第二大語言。

多年來，教育產業已位居澳洲出口產業的前四大，每年可為澳洲政府帶來至少200億澳幣的收入。經濟調查甚至指出，到2025年教育產值有望達到330億澳元。澳洲之所以能在教育領域獲得高出口收入，除了學校教育素質高，坊間許多人認為和移民機會也有很大關係。在這邊，許多人即便並未從事相關行業，一開始其實都是靠學習移民專業才得以移民澳洲的。假如你已決定要技術移民澳洲，並準備報讀澳洲的學校，那課程的選擇將對你移民成功與否影響甚遠。

澳洲居民在家使用語言前五名	2016年	2021年
第一名	純英語：72.7% (17,020,417)	純英語：72%(18,303,662)
第二名	中文：2.5% (596,711)	中文：2.7%(685,274)
第三名	阿拉伯文：1.4% (321,728)	阿拉伯文：1.4% (367,159)
第四名	粵語：1.2% (280,943)	越語：1.3% (320,758)
第五名	越語：1.2% (277,400)	粵語：1.2%(295,281)

⇧雪梨港口一角，可看到遠處的雪梨歌劇院。雪梨由於開發較早的關係，目前是全澳洲最發達的城市之一，房價也是最高的

　　本篇一開始提到，澳洲需要吸收各式人才來促進國家的經濟發展。所以，在課程的選擇上，也應該盡量配合勞動市場的缺口。舉例來說，礦產豐富的西澳需要更多礦業工程師，而昆士蘭比起礦業可能更需要農業創新技術。相對於各州不同的需求，在現今疫情肆虐之下，護理專業可能是各州甚至聯邦政府都爭相邀請的對象。時常有網友在Youtube留言給我，告訴我他們想就讀會計或是自己從事多年行業的專業來移民澳洲。這樣的想法雖為人之常情，但並不能保證移民澳洲的成功率。畢竟，有些專業儘管還留在移民清單上，但在澳洲的移民或勞工市場中卻早已達到飽和。根據澳洲政府需要的職業缺口來選專業，而非在自己的舒適圈內做選擇，才更可能實現自己移民澳洲的目標。

2021年澳洲統計局的
調查結果,
中文人口仍占大宗

2021年澳洲統計局的
部分調查結果

澳洲教育前八大註冊國家 (2015-2025 預測)
(Top eight source markets for Australia by enrolments all sectors 2015-2025)

市場	2015年	2020年	2025年	年成長率	2025年註冊最多領域(預測)
中國	166,600	213,600	233,500	3.50%	高等教育
印度	72,100	95,300	112,400	4.50%	高等教育
越南	33,600	45,600	52,400	4.50%	高等教育
泰國	28,800	39,200	43,600	4.20%	職業教育培訓
尼泊爾	21,600	33,200	41,800	6.80%	高等教育
馬來西亞	23,700	32,000	35,700	4.20%	高等教育
巴西	25,100	30,700	32,200	2.50%	英語密集課程
南韓	28,200	30,500	31,900	1.30%	職業教育培訓

資料來源：Deloitte Access Economics

澳式英語

台灣人學習的是美式英語。但是，想移民到澳洲生活，則要重新學習並適應澳式英語。澳洲人使用的英語，除了拼寫採用英式英語外，發音和用法都跟英式英語或美式英語有很多不同。最大的特色在於，無論單字本身長短，澳式英語會盡量簡化為兩個音的「澳式單詞」。以下我會介紹一些常見的單字。

讓你連想不到的**澳式單詞**

↑ 袋鼠肉排及袋鼠絞肉，K-Roo就是袋鼠(Kangaroo)的意思

↑ 澳洲人會用Rego來代表「Registration」(註冊/汽車牌照)

↑ 澳洲蔬果店放在路邊的招牌，橘子mandarin直接縮寫成Mandy

1. **字尾加ie**：日常生活中，有非常多字會被加上ie做結尾。例如：蔬菜Vegetables變成Veggie、早餐Breakfast變成Brekkie，甚至餅乾Biscuit在澳洲變成Bikkie等。假如朋友約你去烤肉用了Barbie這個字，意思可是Barbeque (BBQ)，而不是芭比娃娃！

2. **字尾加o**：除了ie以外，也有很多單字會被改成o結尾。最常見的例子是下午Afternoon，澳洲人會說Arvo。另外像汽車牌照或註冊這個單詞，正常應是registration，但澳洲人只說Rego來取代。在農場工作時，很常聽到經理在休息時間說：「Smoko」，意思是指Smoke Break(休息時間)。

3. **字尾加y**：跟前面兩個有點類似，只是加上了y，除了簡化之外，還帶點親切的感覺。比如說，澳洲人會稱布里斯本Brissy，而不是Brisbane。一般不說丈夫Husband，而是只說Hubby，還有像幼稚園Kindergarten，在這裡只要說Kindy就可以了。

4. **沒有什麼邏輯，簡化就對了**：比如說，麥當勞是Maccas，袋鼠是Roo，而說謝謝時只要說Ta就可以了。還有，要問別人你的想法呢(What do you recommend)？一般我們會說：「What do you reckon?」

澳洲的主流宗教及語言

C3

在早期殖民時代，澳洲人以信仰天主教和基督教為主，比率高達96.9%。但隨著移民人數的增加，澳洲的宗教信仰也越來越多元。時至今日，雖然天主教和基督教仍然保持主流地位，但信仰人數已逐漸下降，更多的澳洲人表示自己並無宗教信仰。2016年的人口普查結果顯示，伊斯蘭教及佛教已成為澳洲的第三及第四大宗教。其實，於1901年澳洲憲法就已明確規範：「聯邦政府不應立法建立任何宗教，或強迫人民信仰或禁止人民行使宗教信仰自由。」目的就是要讓

⇧布里斯本早期創立的中國城Fortitude Valley，簡稱Valley，至今仍保有許多中文元素，儘管目前大多數華人及亞洲人都已移往南區聚集在Sunny Bank了

⇧位於Sunnybank的某台灣超市

所有有信仰及無信仰的人民可以自由表達他們的信念。

　不單是宗教，語言亦同。儘管英文為澳洲的官方語言，走在路上總可看到形形色色的人們使用著他們的母語。使用同樣語言的人喜歡居住在同一個郊區，於是乎就有了越南城、韓國城及中國城等許多的小聚落，購買各國美食也並非難事。但是，無論如何，都要記得澳洲是一個多元文化的國家，身在這裡的每個人需要對他人的文化及信仰表示尊重，切勿強加自己的信念在他人身上。

　反之，若是遭遇了歧視或目睹其他人遇到不公平的待遇，也可以勇敢發聲。在情況緊急或有生命危險的情況下，可撥打000請求緊急協助；在沒有立即的危險時，請求警察支援的電話為131 444或打給澳洲聯邦警察AFP(Australia Federal Police)，電話02 5126 0000請求轉接。

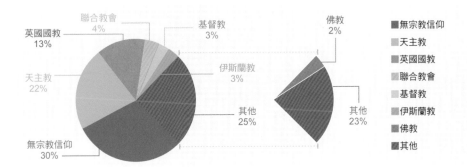

聯合教會 4%
英國國教 13%
天主教 22%
無宗教信仰 30%
基督教 3%
伊斯蘭教 3%
其他 25%
佛教 2%
其他 23%

■無宗教信仰
■天主教
■英國國教
■聯合教會
■基督教
■伊斯蘭教
■佛教
■其他

來澳洲前，在台灣可以做的準備

C4

當年我剛來澳洲，時常在發生某些事情時，興起：「如果我有準備某某某就好了」的念頭。因此，本章要與大家分享，當年我希望自己來澳洲之前就事先準備好的東西。

希望透過本章的分享，讓即將出發澳洲打工度假或求學的讀者們，不再不安和緊張，能更有準備地迎接未知的挑戰。

在台灣
先考取
雅思成績

前面的章節比較過學術組雅思及一般訓練組雅思的差異。其實，剛來澳洲時，我也時常因為沒有考過雅思而無法得到心儀的工作。

在2005至2010年間，台灣的求職廣告大多會要求托福或多益成績來驗證求職者的英文能力。身為那個年代的畢業生，我也理所當然地只考過多益。然而，在澳洲最為人普遍熟知的，不是托福，也不是多益，而是雅思。

在我尚未累積任何澳洲的工作經歷前，履歷上清一色都是海外經驗。而雇主面對像我這樣一個來自海外的求職者，最擔心的或許就是我的英文表達能力了。在當時，身邊和我一樣是打工度假簽證的朋友，最崇尚的就是能進到旅館做飯店清潔的工作。假如能進到雪梨或墨爾本的大飯店工作，不但能保障時薪和加班費，其他的員工福利也一應俱全。記得有一次我在臉書某社團看到雪梨飯店徵人的廣告，其中一項條件就是雅思需達6分以上的成績。但是只有多益成績的我，投的履歷石沈大海，只能跟當時的夢幻工作擦肩而過。

除了建議在台灣事先考取雅思成績以外，我也很鼓勵大家在台灣的英語補習班學習雅思的備考及寫作技巧，原因是台灣的補習班較有系統性且價格實惠。英文能力的進步非一朝一夕能達成，這是眾所皆知的事。相對於台灣的雅思補習班課程安排數月至半年，澳洲的雅思保證班可能只有幾週到1個月的課程，每週上課2～4小時，但金額卻跟台灣的收費不相上下。我曾經報名過澳洲的雅思及培生英語課程，費用約1～2,000元澳幣，上課內容都只是講師帶學生練習考試類型。說實話，與其說這樣的課程是保證班，其實更像學生本身英文能力的體現而已。

雅思的成績一般有效期達2年。取得雅思成績後，不但在澳洲找工作可增加面試機會，留澳期間假如有雇主擔保或移民的機會也可使用該雅思成績。此外，假如你報考的是學術組的雅思，在成績達標的情況下，未來留學也可以減少一樣準備項目，可說是有益無害。

累積技能，增加就業能力和移民機會

相信閱讀本書的各位，都有來澳洲工作生活的計畫。我時常強調，澳洲求職非常重視本地的工作經驗及推薦人。對初來乍到的我們，想增加澳洲工作經驗及擁有更多推薦人的唯一方法，就是開始累積工作經驗。於是，事先具備就業能力能讓我們在找工作的路上更加順遂，畢竟這邊的雇主並不愛聘請毫無經驗的新人。

加上如果你未來有移民澳洲的打算，我會建議大家在台灣時就學習一些可幫助移民的技能。以台灣普遍的社會風氣來說，大部分的家長都十分重視學業成績，希望孩子能好好讀書、上大學，以後成為白領階級。「藍領階級」在我那個年代，形同「不讀書」的代名詞。「不好好讀書以後就去做工」這句話，我從小聽到大。然而，「藍領階級」的工作，大多數是可以移民澳洲的職業。

當年我身邊許多持有打工度假簽證的朋友，在興起移民澳洲的念頭時，往往都還特地去進修。當時最受男生歡迎的，是電焊的工作，於是，我看著數個看起來文質彬彬的男性友人，一個個去學習從小家裡不給學習的技能。

假如你正猶豫要不要唸技職學校，不妨就去念吧！不僅台灣未來會出現大量的技職缺口，還可能讓你移民澳洲並領取高薪，何樂而不為呢？

對於想移民澳洲的讀者，無論你是打算來讀書，或是想先來打工度假，都可以先在台灣學習一項移民相關技能。或許，能為你的移民之路打開一扇窗也不一定。

⇨我妹妹在疫情之後，從廚師轉行到建築工地上班

其他
準備項目

除了事先考好雅思及累積專業技能之外，還有些東西是我當初希望自己能提早準備好的：

外幣帳戶

不知是否有人和我一樣，有轉帳回台灣的需求？假如你來澳洲工作之餘，打算匯錢回台灣繳交就學貸款，或幫忙分擔家庭支出，我強烈建議你在台灣開個外幣帳戶，並把相對應的台幣帳戶做好約定轉帳，將會省下你許多的麻煩與精力。

英譯文件

無論是申請留學或移民，都需要使用許多英譯文件。我拜託家人朋友申請最多的，無外乎是大學的英文成績單、英文版的畢業證書、家庭戶口名簿及出生證明等。事先準備好英譯文件帶來澳洲，不要像我一樣，台南出身卻在北部就學，由於無法要求年邁的家人前往北部申請文件，只好不斷地麻煩朋友在北市與新北三峽之間奔波。

考取汽車駕照

澳洲地廣人稀，開車在澳洲可說是一項最基本的技能。學會開車，無論是要移動去任何城市，或是找工作，都會方便許多，許多礦場或農場甚至要求要能駕駛手排車。另外，前面提到澳洲翻譯協會時也有提及，台灣的駕照可轉成澳洲駕照。只需攜帶台灣駕照正本，經過澳洲翻譯協會翻譯成英文版本後，配上身分證明文件及駕照正本，即可向昆士蘭州的監理站申辦昆州駕照。

⇦布里斯本的一個監理站外觀，大家可依自己的地址搜尋距離最近的監理站

亞洲人在澳洲
會遇到的文化衝突

東西方文化的差異，除了飲食與宗教之外，也體現在生活及工作上。本章節想分享一些我自身觀察到的文化差異，希望能幫助未來打算來澳洲的讀者，能更快地融入或理解澳洲生活。

　　以下，我會分別從生活、飲食習慣、興趣和工作等不同層面來做介紹。

生活方面

澳洲人習慣將鞋子直接穿進室內

　　受到中日文化的洗禮，台灣人都有入室脫鞋的習慣，一來可將室外的灰塵和污垢隔絕在外，二來也能保持整潔使打掃更容易。一開始來到澳洲時，我對於需將鞋子穿進房間感到非常抗拒。但當時的我住在工作旅社，和好幾個來自其他國家的背包客共用一個房間，房門外的走廊人來人往，也不方便將鞋子留在門外，加上房間內的環境也不是十分乾淨，後來，即便我鞋子上沾滿泥土，我也能穿進房內並不以為意。直到開始求學、工作，慢慢能負擔更高的租房開銷之後，我還是恢復了入室脫鞋的習慣。

　　澳洲人一般不忌諱穿鞋入室，因此大部分的澳洲房屋不像台灣一樣，會在玄關做鞋櫃。隨著移民的增加，也有越來越多的澳洲人能理解亞洲人入室脫鞋的習慣。為表尊重，大部分非亞洲人來到我家時，都會主動在門外脫鞋之後才進入室內。但是，對前來家中進行維修的技術工人來說，他們必須隨時穿有保護作用的鞋子，以防工作傷害，因此無法拒絕他們將鞋穿入室內。

澳洲人特殊的洗碗方式

　　除了穿脫鞋的習慣不同，洗碗文化也是長時間以來十分困擾我的一點。

　　澳洲是全球最乾燥的大陸，乾旱面積高達44%，有時太過乾燥還會引發森林大火。因此，節約用水的澳洲人發展出一套獨特的洗碗方式：在滾燙的熱水加入洗碗精，把髒碗放在熱水大致清潔後，直接瀝乾。

　　沒錯！沒有沖洗！

　　一開始都只有耳聞，直到我進入職場，某次午餐時間終於親身經歷這個情況。同事問我需不需要將她洗過餐具的熱水留給我用，我心裡覺得不衛生，直接拒絕了她。後來，同事

↑澳洲人獨特的洗碗方式：熱水加洗碗精

撞見我用水沖洗碗盤，特意提醒我要珍惜用水。從那之後，我會刻意錯開使用洗手槽的時間，同事似乎也發現了我的不便，很少再提及要把熱水留給我使用。假如是使用公用碗盤，我一定會在使用前沖洗一次，因為不希望把洗碗精間接吃下肚。

澳洲人熱愛運動，不崇尚白皙

在維護外貌方面，澳洲也和台灣有許多不同。在澳洲，無論男女，都非常熱衷於運動。上健身房、晨跑、走路上下班等，無論早晚總能在街頭遇到正在運動的人。澳洲商珂銀行(Suncorp Bank)曾經發布一份報告，指出澳洲家庭平均每年花在健身方面的金額為2,340元澳幣，平均下來每人每年約花費1,000元澳幣在健身上面。

美白產品也是在澳洲找不到的商品。現今的亞洲女性偏好白皙的肌膚，「一白遮三醜」的傳統觀念直接點出了亞洲人對美白的癡迷。然而，喜歡陽光和戶外活動的澳洲人，更喜歡健康的小麥色肌膚。關於這個喜好的原因可說是眾說紛紜，有人說，因為澳洲人皮膚中缺乏黑色素，更容易受皮膚癌所擾，小麥色肌膚相對健康；也有人說，擁有小麥色肌膚代表更常外出度假，而不是一直在辦公室上班。

⇧之前在西澳時，時常和朋友去游泳，在泳池辦派對

⇧下雨中的南岸公園，仍可見許多人在散步及騎自行車

澳洲人熱衷當義工、購買二手商品

澳洲人除了喜愛戶外活動，也非常熱衷做義工。最常見的，是各個慈善二手商店的義工；在各個老人安養院，也都會安排義工陪老人聊天，排解他們的孤單。此外，如果有任何天災發生，造成財產損失，澳洲人也會自動自發地快速組成團隊，前往需要幫助的受災戶家中給予協助。2022年2月底，布里斯本連日豪雨，造成許多地方積水成災。超過16,000人主動報名布里斯本市政府號召的泥軍(Mud Army)，幫助家裡淹水的受災戶清理家園。

除了義工之外，澳洲人也會買二手衣物，各種二手商店、網拍平台可說是比比皆是。除了前面提到的膠樹(Gumtree)網站，許多二手店像救世軍(Salvation Army)、聖雲仙會(Vinnies)及歐普店(Op Shop)等等，遍布在各城市和社區的角落。記得有次我告知台灣的家人我在澳洲買了二手衣，家人聽了很不認同，覺得會把別人的壞運帶回家。但是，澳洲人買二手衣不單為了環保，二手商店還會將所得用於需要幫助的群體。比如救世軍會提供食物及住宿給無家可歸的人，歐普店致力於保護動物，這也是澳洲人愛做公益的另一個縮影。

⇧2022年豪大雨布里斯本市區淹水照，可看到地下停車場整個淹進泥水中

⇧郊區的某間二手店，居然有超古老的愛麗絲夢遊仙境版本

在澳洲，朋友相聚，啤酒不能少

飲食方面，澳洲人喜歡及不喜歡的也很顛覆我們從小的認知。澳洲人愛喝酒，週末朋友聚會時總要相約酒吧或帶幾手啤酒去友人家做客聊天。有些公司甚至每到週五中午就會開喝啤酒，以輕鬆愉快的心情來迎接週末，這在台灣是幾乎不被認同的行為。儘管如此，澳洲在酒精販賣的相關規定卻很嚴格，持有賣酒執照的商店才能出售酒精飲料，不像台灣可以在任何便利商店或雜貨店購得。提供酒精飲料的服務生也必須持有酒精服務負責證照(Responsible Service of Alcohol，簡稱RSA)，並需要能夠判斷客戶是否已喝醉以及是否應該繼續提供酒精飲料的服務等。

⇧某棟澳洲住宅，可看到前院的花草及乘涼的椅子　⇧澳洲雞腿肉和雞胸肉的價格差別，有骨頭是沒骨頭的三分之一價

澳洲人和台灣人的喜好大不同

　　澳洲人不愛吃的東西恰巧是我們的最愛。在澳洲，雞胸肉永遠賣得比雞腿貴。當年我在打工度假時，雞腿一公斤約5元澳幣，而雞胸肉一公斤約10元澳幣，但西方的背包客都只買雞胸肉吃。澳洲人之所以偏好雞胸肉，一來因為他們不喜歡處理骨頭，二來還是跟他們喜歡健身及保持健美身材有關，畢竟雞胸肉有豐富的蛋白質及較少的脂肪。

　　園藝方面，澳洲人和台灣人也頗為不同。澳洲人喜歡在門前種花種草美化市容，而這偏偏和亞洲人的喜好背道而馳。大部分的亞洲人不喜歡麻煩，有的選擇讓前院光禿一片，有的會改裝成車庫或盡量將建蔽率使用到淋漓盡致。就如同亞洲人無法理解為什麼澳洲人願意浪費水和時間澆花除草，澳洲人也不喜歡自己住的郊區都蓋滿房子而毫無庭院造景。只能說，青菜蘿蔔，各有所愛，每個人對人事物的看法與標準都不盡相同。

　　除了上述種種，生活中時常可遇到許多澳洲和台灣不同的情況。我們在保持自己文化之餘，同時也要尊重澳洲文化的多樣性，切勿用自身的標準去評斷他人。

Youtube：
我們在澳洲經歷
的文化衝擊！
澳洲人怎麼那麼奇怪

Youtube：
澳洲職場文化和
台灣不一樣的
7個地方

工作方面

聽說很久以前，澳洲人週末是不工作的，他們認為週末就應該用來運動或與家人朋友聚會，並養精蓄銳來迎接新的一週。然而，許多外來的移民來自於相對較刻苦的國家，為了討生活，這些移民帶動了加班的風氣，導致澳洲本地人也不得不開始週末上班，以維持本身的競爭力。政府要求週六的薪資須為平日的1.5倍，週日則需增加到2倍作為補償。

澳洲一週的工時為38至40小時不等，中餐時間通常為一時段區間，可自行安排。不像台灣某些企業會安排午餐和午休，澳洲職場並沒有午休的習慣。也因此，澳洲人通常會選擇輕食或速食湯當作午餐，不像台灣以米食為主而容易嗜睡。

澳洲職場也沒有明顯的辦公室階級。無論面對老闆或經理，都可自在地表達自己的意見，在這邊也較不會有巴結職場上司的文化，大部分人都是平等的。

咖啡是澳洲人的精神食糧！
來杯「馥芮白」吧！

如果說，手搖飲是台灣辦公室文化不可或缺的角色，那澳洲的代表就是咖啡。澳洲人非常熱愛咖啡，上班前、開會、點心時間和下午茶，都要來一杯咖啡。研究顯示，約有1,900萬的澳洲人每天要喝至少一杯的咖啡，占據澳洲人口的75%。澳洲人也特別偏愛非連鎖店的咖啡，除了口味各有千秋之外，他們也很享受與咖啡店老闆的互動，認為那是連鎖店無法提供的溫暖。所以，星巴克在澳洲無法像在美國或台灣一樣的成功，澳洲約95%的咖啡店都是個體戶經營。

來到澳洲後，不妨嘗試一下澳洲的特色咖啡：「馥芮白」(Flat White)吧！這是一款介於美式黑咖啡和拿鐵之間的咖啡，不同於拿鐵有厚厚的奶泡，馥芮白的英文名Flat(薄)、White(白)恰恰帶出了它的特色：薄薄一層奶泡，搭以加倍的濃縮黑咖啡，絕對是白天提神醒腦的必備飲品之一。

↑↑↑澳洲超市有琳瑯滿目的速食湯，有些澳洲人中餐就是一包速食湯，或有時搭配麵包，右邊的南瓜和蘑菇湯是我的最愛
↑↑澳洲的咖啡店通常為個體戶經營，各有特色
↑左邊是澳式馥芮白咖啡，右邊是一般拿鐵

澳洲工作

初到澳洲什麼都不懂,遇到不良雇主怎麼辦?
帶你了解澳洲的薪資與稅務系統,和工作及
失業該有的保障,不再受騙上當!

好 找 嗎

Chapter

stralian

Jobs/Taxes

澳洲薪資

澳洲的最低薪資長年居全球之冠，且每年公平工作監察員(Fair Work，見P.90)都會進行調整。自2023年7月1日起，澳洲每小時的最低薪資已調漲至23.23元澳幣，意味著一個每週全職工作38小時的人，一週最少可領到稅前882元澳幣的薪水，相當於17,640元台幣(以澳幣兌台幣1:20)計算。

最常見的
三種
聘僱形式

澳洲的勞資雙方間，有3種最常見的聘僱形式，分別為全職(Full Time)、兼職(Part Time)及臨時工(Casual)，以下會分別介紹各種聘僱形式的區別及福利。值得注意的是，無論哪種聘雇方式，都不影響退休金的提撥。下一個章節會特別介紹關於澳洲的退休金。

一般來說，澳洲的工作類型可分為以下3種：

全職

全職員工是正式員工，伴隨著正式聘僱合約的簽署，每週工作38～40小時不等，以合約為主。超過合約規定的工作時數或在合約規定的時間之外上班，即算加班，加班時數應以加班費或補假的方式補償給員工。

由於每個州對加班的定義不同，產業與產業之間也有所差異，想了解更多關於加班的界定或知道自己是否可向雇主要求加班補助，可以聯繫澳洲的公平工作監察員(Fair Work Ombudsman，簡稱Fair Work)。這是一個在澳洲專門處理勞資糾紛的單位，近年來許多遭到不公平待遇的員工，都會向公平工作監察員申訴，討回被低付的薪資或得到應有的賠償。

全職員工也有權享有年假及其他各種特休。澳洲的年假制度與台灣不同，無論資歷深淺，每個員工一年可享有20天的年假。以一週工作40小時計算，每天8小時，意即每年有160小時的年假，且年假會隨薪資計算逐次發放。舉例來說，如果公司是每週發薪，那每週即可累積3.07小時的年假。

全職員工每年可享10天的病假／個人看護假(Personal Leave for sick and paid carer's leave)，意即個人生病或家人生病需請假照護都可使用，累積病假的計算方式與年假相同。

值得一提的是，若是在同一公司連續工作滿10年，則可享有長期服務假(Long Service Leave)，一般是8.67週。

以上的三種假別，除了病假／個人看護假以外，其他兩種在員工離職且未將假期使用完畢的情況下，雇主都必須以現金方式結清未用完的假期。然而，我並不建議大家保留年假而不去使用它，因為雇主以現金結算時，同時也會預扣一大筆的稅金。到頭來，不但假沒休成，還都變成了稅進到國稅局的手裡，實在有些得不償失。

除此之外，當雇主或員工之間任一方希望解除聘僱合約時，也必須給予適當的通知時間。通知時間的長短一般會在聘僱合約中註明，若未註明的話，也可以上澳洲公平工作監察員的網站查詢通知時間的相關資訊。

根據不同服務年限所需給予的離職通知時間，或以Fair Work網站為準

- 服務期間少於1年，需給予1週的離職通知；
- 服務期間介於1至3年，通知時間為2週；
- 服務期間3至5年，通知時間為3週；
- 服務滿5年以上，需給予4週的離職通知

對於年齡超過45歲以上並服務至少滿2年的員工，倘若雇主需要終止聘僱合約，必須多給予1週的離職通知。

兼職

兼職員工的權利與福利大致與全職員工相同，唯獨每週的工作時數不足38小時。假設員工的工作合約註明每週工作19小時，年假及病假／個人看護假就照比例分攤，變為10天及5天。計算方式不變，同樣是在每次的發薪日逐次發放。

兼職員工每週的工作時間基本上固定，如果遇到需要變動的情況，理論上需勞資雙方以書面形式同意時間上的更動。

臨時工

與全職和兼職不同，臨時工沒有工作時間的保障，每週的班表都可能因雇主對人力的需求而變動，臨時員工有權拒絕或更換班表，且雇主或員工任一方亦可隨時終止勞資關係，這種不固定的工作型態，即為臨時員工。為了彌補臨時員工工時的不穩定，且臨時工無法享有年假或病假等福利，臨時工的時薪會比全職員工的時薪高出25%。

2021年3月，澳洲公平工作監察員對臨時工的規定做出一些調整。針對聘僱超過15名員工的雇主，倘若其臨時員工已為其工作達12個月，且過去6個月內工作時數都很穩定的情況下，雇主需將該員工轉為正式員工(全職或兼職)並給予其工作保障，稱為臨時員工轉換(Casual Conversion)。若員工在2021年3月27日之後到職，在滿足以上條件的21日內，雇主需提供該員工一份正式的聘僱合約。然而，澳洲公平工作監察員有提到，即便臨時員工轉換的條件已被滿足，但在特殊考量下，如：該職缺可能很快會消失，雇主亦可不進行臨時員工轉換。

對於聘僱15名員工以下的小型企業，員工本身可向雇主提出臨時員工轉換的請求。

不合法
卻常見的
聘僱形式

上述是澳洲最常見的3種聘僱形式，但在求職過程中，不合乎規定的招聘廣告卻比比皆是。以下是幾種最常見的鑽漏洞的聘僱形式：

聲稱達到法定薪資，其實不然

每當澳洲公平工作監察員宣布調漲最低薪資，許多網路上的招聘廣告也會標榜自己提供的時薪合乎「法定薪資」。然而，隨著產業類別及責任程度的不同，每個職位的最低薪資都會有所差異。舉例來說，如果餐廳服務生的最低時薪

是23.23元澳幣，餐廳經理的最低時薪則可能為25元澳幣或更高。同樣的，文書產業的最低時薪也會較建築產業的最低時薪來得低，因為後者需要更多的勞力並挾帶更大的危險性。

全職和臨時工之間的模糊地帶

如同前面所述，許多雇主會提供最低時薪並堅信自己開出的薪水符合澳洲的「法定薪資」。然而，23.23元澳幣是全職員工在享有年假和病假等福利之下可領到的最低時薪。常見的狀況是，雇主在支付23.23元澳幣時薪的同時，並不會分配年假及病假給員工，等於是變相剝奪了臨時員工應有的25%薪資加成(Casual Loading)。

現金工作，俗稱「黑工」

除了以上兩種，還有一種招聘廣告會明目張膽地表明他們是現金工作，一般俗稱「黑工」。這種工作除了薪資通常較低之外，也少了許多該有的保障。

一般在澳洲工作，除了前面提及的各種帶薪假及福利，雇主需要為員工購買工作保險(workcover)，讓員工在因公受傷的同時能得到賠償。然而，現金工由於沒有報稅，也沒有薪資轉帳證明，假如不小心在工作時受傷了，很難提出證據要求醫藥費及相關費用的補償，受傷的員工往往需自掏腰包支付高昂的醫藥費，更別提養傷期間的收入損失了。

現金工的時薪也常遠低於法定薪資的標準，像墨爾本和雪梨的餐廳產業，就被稱為「八九不離十」，意即每小時的時薪約8～10元澳幣不等。

行雇用之實，卻要求員工申請ABN

首先，要先簡單地跟大家介紹什麼是ABN，但更多關於這部分

的內容會在下一篇「澳洲的退休金與稅制簡介」(P.70)中提到。

澳洲生意號碼(ABN，全名Australian Business Number)，換成台灣的用語有點類似統一編號的概念，意即一個營利機構的個別法人身分代號。當雇主要求員工申請ABN才能為其工作時，形式上就變成企業對企業的關係，而不是雇主對員工的關係。

這種要求ABN的形式，最常出現在亞洲人的建築行業或清潔行業中。

亞洲老闆之所以偏好員工申請ABN，除了工作上方便調配人手之外，我個人認為還有規避退休金及為節省工作保險之嫌。

以昆士蘭的工作保險(WorkCover Queensland)來說，每年的保費計算是建立在企業的產業類別以及未來年度的總薪資預算上。預期的薪資費用越高，保費便越高，更不用說是有危險性質的建築業了。

再者，許多雇主以為讓員工申請ABN便不用為其支付退休金，這是不正確的觀念，我在後面退休金的章節(P.75)會更詳細地解釋原因。

來澳洲找工作時，假如雇主要求你申請ABN，或許你就該考慮看看這份工作是否合乎法規了。

留學生最常見的僱用形式

有鑒於往年學生簽證在打工時數上的限制，留學生最常從事的工作類型為兼職、臨時工及現金工作。

當年我在求學時，為了兼顧生活費及學業，會盡量選擇從事時薪較高的兼職工作。賺到生活費之餘，也能有更多的時間溫習課業。除此之外，鼓勵大家在尋找工作時，能盡量貼近自己的所學，這樣畢業後也能比同儕更具競爭力。

在澳洲，藍領不再是低人一等的代名詞

有人說：「澳洲是藍領的天堂」。

在台灣，就讀職業學校曾經被視為考不上高中或大學的備胎，大部分的家長都希望自己的孩子未來能進到辦公室工作，成為所謂的白領階級。然而，這情況在澳洲卻恰恰相反。

在澳洲，兒子跟隨父親的腳步，成為技術工人(tradie，英文原文tradesman)是很稀鬆平常的事，並不會感到丟臉。此外，澳洲政府每年也會斥資十幾億澳幣，為學徒提供薪資補助並鼓勵企業聘用學徒。

根據NCVER機構的報告，截至2021年9月底止，澳洲的技術學徒已達到35萬人，比去年同期增長了33.2%，這樣的數據甚至超過了2012年礦業發達的黃金時期。

造成如此快速增長的原因，除了新冠疫情導致的失業人口重新培養新技能外，還有一大部分跟藍領的高薪有關。

根據2021年Tafe技職學校和Indeed求職網站的數據顯示，澳洲最高薪的藍領工作為鍋爐製造(Boilermaker)及水管工(Plumber)，起薪約為年薪6～7萬澳幣不等，隨著經歷的增加，每年年薪10幾萬澳幣也大有人在，相較於初階的辦公室職位每年約5萬5澳幣起跳，藍領階級的起薪可說高出不少。

除了高薪，政府對工作環境的諸多規範，也讓澳洲藍領的工作不同於我們印象中的髒亂及吵雜；開工前的各種教育訓練，以及防範勞工受傷而規定穿的服裝，如：安全帽、護目

⇧妹妹在疫情時失去了餐廳工作，轉往澳洲工地，目前月收入是我的兩倍

⇩澳洲talent.com網站顯示的鍋爐製造工人薪資

鏡、反光黃背心等，大大減少了藍領工人在工作時受傷的可能性。

　　除了高薪、市場需求高以及安全規範受保障之外，許多藍領職業也是可以移民的項目。電工、汽車修理、水管工或疊磚等職業，都名列澳洲的中長期技術移民清單(Skilled Occupation List)中。

　　如果想移民澳洲，又希望能在就業市場上更吃香，不妨參考藍領職業。澳洲社會普遍尊重各行各業，在這裡，職業不分貴賤輕重，大家分工合作，藍領工作獲得的是和白領同樣的尊重和成就感。

查詢各項工作的**平均薪資**

Payscale網址

Seek網址，
連結為各公司
評價頁面

Talent網址

如果你正準備來澳洲求學，就讀高薪的技術領域或許是一個不錯的選擇。以下是幾個查詢各行各業薪資的網站：

1.薪級表(Payscale)：一個提供雇主和求職者關於薪資細節的網站。針對不同的職業，薪級表能提供不同城市內各個年資的薪資行情、該職業的工作內容及所需技能。此外，薪級表的個人選單(individuals)中，也有提供薪資談判方式、職涯規畫和各地區的生活成本計算等，是一個非常全方面的工作資訊提供網站。

2.尋找(Seek)：澳洲最大的求職網站，除了可用來找工作，還有職涯建議及各行各業的薪資指南，甚至Seek的「公司評價」(Company reviews)可看到該公司員工的實際工作心得。若是你想進入的公司碰巧有被評論，不妨參考該評論，看看內部實際的工作情況是否如你所想，再決定是否入職。

3.天賦(Talent.com)：可用不同的關鍵字，如：公司名、技能、城市等搜尋不同的薪資行情。Talent網站還附帶稅率計算器，雖然不是百分之百準確，但可幫助了解實際到手的薪資明細及預扣的稅額等細節。

　　查詢薪資的網站其實還有很多，當大家選定一個職業時，可以多利用不同網站，求出平均值，能幫助各位對未來的期望薪資有更明確的瞭解。

澳洲的退休金及稅制簡介

要了解澳洲的稅，只需要認識5個常見的稅務相關名詞，便能輕鬆掌握澳洲的稅收制度：

1. **稅號**：Tax File Number，簡稱TFN
2. **澳洲生意號碼**：Australian Business Number，簡稱ABN
3. **薪資預扣稅**：Pay as you go withholdings，簡稱PAYG Withholdings
4. **預繳稅**：Pay as you go instalments，簡稱PAYG instalments
5. **商品服務稅**：Goods and service tax，簡稱GST

這5個名詞涵蓋了個人所得稅及做生意要繳的營業稅會涉及到的稅務項目，以下將一一介紹它們各自的含義，以期大家對澳洲的稅制有更進一步的了解。

稅號

稅號(Tax File Number，簡稱TFN)，舉凡公司行號、信託、個別稅務人等，凡是需要報稅的個體，都會有一個獨一無二的稅號。稅號好比台灣的身分證字號，每人或企業體只能申請一次。到了財政年末，澳洲國稅局會針對每個稅號生成一份報稅檔案，讓大家進行報稅。

在澳洲凡購買股票或基金，甚至領取銀行利息，都應該提供稅號給相關的金融單位。每到報稅季度，該金融單位會將所有銀行利息及股息資訊提供給澳洲國稅局，國稅局再將收到的資料直接匯入每個人的報稅檔案內，如此可省下報稅人不少的報稅時間。

除此之外，如果沒有提供稅號給銀行或股票購買平台，他們在發放利息或股息時則會預扣一些金額，並上繳給國稅局，必須在年底進行報稅時才能取回被預扣的金額。

在開始一份新工作時，雇主也會要求提供稅號申明表(TFN Declaration Form)，以便幫員工報稅。大部分人會對稅號申明表的第七題：「你是否為澳洲的稅務居民？」不知所措，不確定自己該填「是」或「否」。根據澳洲國稅局的規定，只要滿足以下其中一項，即可認定為澳洲稅務居民並享有澳洲稅務居民的稅率：

↑ 澳洲稅號申明表範本

澳洲國稅局
關於稅務居民的
4項測試及細節

1. **居住測試 (Resides test)**：和澳洲有緊密連結並住於澳洲
2. **住所測試 (Domicile test)**：永久住所位於澳洲
3. **183日測試(183-day test)**：在一財政年間(每年7月1日至隔年6月30日)居住在澳洲滿183日
4. **聯邦退休金測試(The Commonwealth superannuation test)**

澳洲
生意號碼

澳洲生意號碼(Australian Business Number，簡稱ABN)。顧名思義，就是在澳洲經營生意會取得的一組號碼，類似台灣統一編號的概念。值得注意的是，不只是公司行號或信託能申請ABN，假如個人希望以個體戶的方式經營生意，也能申請ABN。

在澳洲，申請ABN並開始經營生意是一件非常簡單的事，因此許多對烘焙或健身有興趣的個體戶，常會以自身的名義申請ABN並經營生意，我們稱之為個體經營(sole trader)。

如果想要經營不同的生意，也可以使用同一個ABN，並不需要為了不同的生意類別申請多個ABN。

前面提到有些雇主會要求員工申請ABN(見P.64)，形同承包商的關係。在申請前，要先審視自己是否符合申請條件，確認自己的工作內容比較像是僱員或是承包商。比如：你是否使用自己的工具及資源完成工作？你是否能自由調配時間或是像僱員一樣須按照班表上班？自主程度越高，才越像獨立的個體戶經營並符合申請ABN的資格。倘若與雇主間是以承包商的方式合作，也最好取得承包合約(Contractor Agreement)，詳細說明服務的範圍和責任歸屬等。

薪資
預扣稅
及預繳稅

或許是國情不同，許多澳洲人沒有存錢的習慣，也或許是國稅局不希望納稅人到財政年底繳不出稅來，澳洲國稅局設立了一種預扣稅的機制，英文叫Pay As You Go，簡稱PAYG，意即每得到收入就繳一點稅。

> 僱員須知！每次領薪都會被扣薪資預扣稅！
> 年底報稅不需再拿紙本薪資單了

2019年，澳洲國稅局引入一個新系統，叫一鍵式薪資(Single Touch Payroll，簡稱STP)，強制要求雇主在每次發薪

時直接將薪資明細上傳到國稅局的資料庫，並取消舊式的紙本薪資單(PAYG Payment Summary)。對於領薪水的僱員，在發薪時雇主會扣除薪資預扣稅。到了財政年底，雇主審核完總發放薪資及總預扣稅額之後，會向澳洲國稅局做一個確認薪資的動作(STP Finalisation)，僱員便可開始報稅動作。

相對於領薪的僱員會被扣除薪資預扣稅(PAYG Withholding)，擁有ABN的企業主或個體經營戶則需要支付預繳稅(PAYG instaments)。

做生意者須知！國稅局希望你一有收入就繳預繳稅，以免年底繳不出稅

和薪資預扣稅不同的是，在生意經營的第一年，澳洲國稅局並無從得知該企業須預繳多少稅。等企業報完第一年的稅後，國稅局會參考第一年的報稅額，於下個年度分四個季度請企業繳納預繳稅。若是來年的銷售額遠低於前一年，企業主認為沒有預繳稅的必要，則可請會計師申請減免預繳稅。

由於澳洲有這種預繳稅制度，許多人到了財政年末，大多可以透過報稅的動作申請回退稅，這和台灣每到報稅季節，信用卡公司會推出繳稅分期方案的情況大不相同。

⇩以2023年的稅率及年薪6萬元澳幣為例，紅框內顯示不同薪資支付頻率會被扣的薪資預扣稅，藍框則是稅後實拿金額

2023財政年，即2022年7月1日至2023年6月30日

	每週	每雙週	每月	每年
實拿薪水 (Pay)	$938.85	$1,877.69	$4,068	$48,933
稅前收入 (Taxable Income)	$1,153.85	$2,307.69	$5,000	$60,000
雇主應提撥之退休金額 (Superannuation)	$121.15	$242.31	$525	$6,300
稅(Tax)	$215	$430	$932	$11,067
＊所得稅(Income Tax)	$191.92	$383.85	$832	$9,967
＊低收入戶稅收抵免(LITO)				($100)
＊澳洲健保(Medicare)	$23.08	$46.15	$100	$1,200

註：各稅務細項每年皆可能變動，可自行上https://paycalculator.com.au查詢

商品
服務稅

↑澳洲的龍頭超市之一：
Woolworths

商品服務稅(Goods and service tax，簡稱GST)，於2000年7月起正式在澳洲生效。凡是年營業額超過75,000元澳幣的ABN持有者，都必須註冊申請商品服務稅，並在提供的服務或商品價格上外加10%的商品服務稅賣給消費者。針對年營業額低於75,000元澳幣的ABN持有者，則可自行選擇是否要註冊商品服務稅。只有已註冊商品服務稅的生意體才能多收取消費者10%的商品服務稅。

另外，有些產品是可得到商品服務稅豁免的，如未經加工的食品，像蔬果、水、白麵包，或教育及醫療等，即便該產品或服務的提供者年營業額超過75,000元澳幣，並且已註冊商品服務稅，也不需要在這類產品上外加10%商品服務稅轉嫁給消費者。比如澳洲龍頭超市之一的Woolworths，在販賣蔬菜水果或礦泉水等商品上，就不會收取10%的商品服務稅。

要提醒大家的是，有些不肖業者，或是不清楚澳洲稅制的廠商，會在沒有註冊商品服務稅的情況下，向消費者收取10%的商品服務稅。這種情況容易發生在個體經營戶較多的產業，如建築、清潔業等，而往往這類消費的金額也較高，

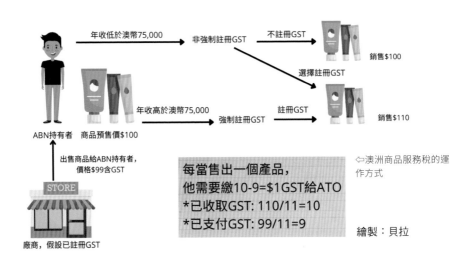

⇦澳洲商品服務稅的運
作方式

繪製：貝拉

ABN查詢網站

⇧ABN查詢網站顯示的某查詢結果，該個體戶經營者沒有註冊商品服務稅

以2萬元澳幣的工作為例，要支付的商品服務稅便高達2,000元澳幣。

建議大家在拿到付款申請單時，上ABN查詢網站確認該廠商是否已註冊商品服務稅，以免支付了不必要的商品服務稅。

總結

替大家做一個小小的總結：如果你是受薪階級，只需要申請稅號，雇主在每次發薪時會依照你的薪資狀況，先扣掉薪資預扣稅之後，再把剩下的薪資匯給你；如果你是經營一個企業，或是打算開始個體經營，則需要申請稅號及ABN，在年營業額高於75,000元澳幣的情況下還需要申請商品服務稅。此外，澳洲國稅局會視你的報稅情況，在來年要求你支付預繳稅。

申請稅號和ABN

前面介紹了5個澳洲最常見的稅務名詞，再來介紹如何申請稅號及ABN。

申請稅號

稅號申請有兩種不同方式：一個是針對擁有護照的澳洲公民，可使用「我的民政系統」(MyGov)或是親臨澳洲民政部

稅號申請網址

ABN申請網址

Youtube：
教大家如何申請ABN和
商品服務稅

(Services Australia)辦理；另一個方式則適用於所有非公民以外的申請者，舉凡：永久居民、工作簽、學生簽和打工度假簽的簽證持有者，都可以上網申請。要注意的是，必須持有效簽證及入境澳洲之後，才能申請澳洲稅號，且一個人一生只需申請一次稅號。若是不小心弄丟了稅號，可上同一個網站提出申請，找回舊有的稅號資訊。申請完稅號後，澳洲國稅局會在28日內將稅號以紙本的方式寄出，建議大家在拿到稅號之前盡量不要變更地址或搬家。

申請ABN

　　無論是想要做生意、開Uber或與外送平台合作，都一定要申請ABN。有些人會委託會計師幫忙申請，費用依各事務所收費皆有不同。自己申請其實也非常簡單，可以利用左邊的ABN申請網址QR Code前往申請。

　　申請完ABN後，該網站會直接引領至申請商品服務稅的頁面。要提醒大家的是，由於國稅局特別法規的緣故，澳洲的Uber接送及計程車行業，即便年營業額未達75,000元澳幣也強制規定要申請商品服務稅。若是不小心錯過了商品服務稅的申請，可以委託會計師代為申請，或致電澳洲國稅局請他們協助辦理。

⇧MyGov官方網頁，是一個可以使用許多澳洲政府服務的網站，例如：申請補貼、報稅等

⇧稅號申請的首頁及第一步驟，總共有5個步驟，一一照實填寫即可

退休金

退休金(Super Fund，或稱Superannuation Fund)。在澳洲，每個人都會擁有至少一個退休金帳戶，以期在退休後能靠該帳戶滿足日常生活花費所需。以目前的規定來說，凡年滿65歲或者滿足55歲且達特定條件者，便可開始使用自己退休金帳戶內的資金。

大多數人會選擇在偏好的退休金管理公司開戶，讓該公司代為管理自己的退休金並進行投資；有些人的退休金帳戶內資金較多，也不放心請人代為管理，便會成立自營退休金帳戶(Self-Managed Superannuation Fund，簡稱SMSF)來自行管理。

凡是在澳洲工作，無論聘僱形式為何，雇主都必須提撥退休金。早年曾有月收入未達450元澳幣則免付退休金的條款，但已於2022年7月1日廢除。從2022年7月1日起，退休金提撥額為薪資的10.5%，且逐年提升0.5%直到達到薪資的12%為止。意即一個年薪10萬元澳幣的領薪人士，其退休金帳戶每年可額外領到1萬2千元澳幣的退休金。

由於每家退休金公司皆會收取帳戶管理費，建議每人最好只保留一個退休金帳戶，可節省不必要的帳管費支出。往年，有

雇主提撥退休金比例
(Super guarantee percentage) (以年薪10萬元澳幣為例)

財政年度	退休金比例	該年可領到的保障退休金	該年總領到的薪資＋退休金(年薪10萬元澳幣)
2018年7月1日～2019年6月30日	9.50%	9,500	109,500
2019年7月1日～2020年6月30日	9.50%	9,500	109,500
2020年7月1日～2021年6月30日	9.50%	9,500	109,500
2021年7月1日～2022年6月30日	10%	10,000	110,000
2022年7月1日～2023年6月30日	10.50%	10,500	110,500
2023年7月1日～2024年6月30日	11%	11,000	111,000
2024年7月1日～2025年6月30日	11.50%	11,500	111,500
2025年7月1日～2026年6月30日	12%	12,000	112,000
2026年7月1日～2027年6月30日	12%	12,000	112,000

表格統整時間：2022年7月30日

Youtube：
一次性了解澳洲養老金
及退休金的差別

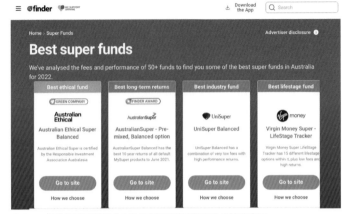

⇧ Finder網站列出不同需求中各自表現最傑出的退休金管理公司

些雇主為求自己作業方便，新員工報到時，會替其在自己合作往來的退休金公司開戶，導致有些常換工作的人名下有非常多的退休金帳戶。從2021年11月1日起，澳洲政府引入「綁定退休金政策」(Stapled Superfund)，意即雇主在聘用新員工時，必須使用員工既有的退休金帳戶為其提撥退休金，不得像往年一樣再開新的帳戶。

前面提及有些雇主會要求員工申請ABN來規避退休金的支付。其實，只要僱用關係屬實，無論員工以信託或個體經營的方式為雇主工作，雇主皆有義務為其支付退休金。

退休金帳戶可自己提撥、也可綁定保險

退休金帳戶還有很多好處。例如：除了雇主提撥的退休金外，每年在不超過稅務局限定之額度的前提下，每個人皆可提撥額外的退休金至自己的帳戶作為抵稅額。以2021財政年為例，每年可提撥的上限為25,000元澳幣，若雇主已為某員工支付了10,000元澳幣的退休金，則該員工最高可提撥15,000元澳幣至自己的退休金帳戶來抵稅。澳洲政府此項政策的目的，在於鼓勵大家為退休生活多做準備。

此外，退休金帳戶裡也常會綁定各項保險，例如重大殘障險、死亡險及收入保障保險等，大家可上網登入自己的退休金帳戶，依照自己的需求來購買保險。

要提醒大家，雇主最少每3個月需提撥退休金至員工指定的退休金帳戶。退休金的付款截止期限為每個季度結束後的28天。舉例來說，每年7到9月結束後，雇主須於10月28日之前繳納7到9月其旗下員工的退休金，依此類推，所以每年退休金的繳款截止日分別為10月28日、1月28日、4月28日以及7月28日。超過以上的日期未繳納的話，雇主仍有義務繳納該筆款項，但該項費用將無法作為生意的抵稅項目，算是澳洲國稅局設計的一個懲處。讀者若是打算在澳洲做生意並聘請員工，切記不要逾期繳納員工的退休金，才能作為抵稅費用進行申報。還有，在2023年的聯邦預算編列中，工黨政府提出退休金改革方案，預計從2026年7月1日起，將退休金改為隨薪資發放時間一起支付，每週領薪的人也將會每週收到退休金款項。更多的細節，屆時請讀者自行上澳洲國稅局網站查詢。

另一方面，讀者若是發現自己的雇主未盡到提撥退休金的義務，可上澳洲國稅局網站申訴，只需搜尋「Unpaid Super ATO」(未繳的退休金-澳洲國稅局)，便可前往申訴網站，填好表格之後，澳洲國稅局即會為你爭取雇主未繳納的退休金。填寫申訴表格時，須提供雇主的ABN並清楚雇主未支付退休金的季度為何，所以平時需將薪資單妥善保存，以防不時之需。

前面提到可提撥款項到自己的退休金帳戶作為抵稅額。其實，即便不需要抵稅，也可以放錢到退休金帳戶中。一般流程為，以個人貢獻名義(Personal Contributions)放錢至退休金帳戶之後，等到該財政年度結束，再視是否有抵稅的需求，上網填寫「意圖申請退休金抵稅額表格」(Notice of intent to claim or vary a deduction for personal supercontributions form)。針對雇主提撥的退休金，和自己提撥預用來抵稅的退休金，國稅局都會課徵15%的稅額。建議若該財政年度不需繳稅的讀者，即便自己貢獻了退休金，也不要填寫抵稅額表格，以免白白浪費15%的稅。

澳洲退休金每個季度的到期支付日期及雇主未支付退休金的申訴網址

計算自己一年該交多少稅

澳洲薪資看似很高，其實要交的稅也不少。澳洲稅的組成有兩項：所得稅及澳洲健保(Medicare)，而澳洲健保的支付額是每年應稅收入的2%。這裡向大家介紹一個計算薪資的網站：Pay Calculator(薪資計算)，可核對每週或每年稅後的實拿薪資，一目瞭然。以2023財政年且年薪6萬元澳幣為例，每年要支付的所得稅和澳洲健保則高達11,067元澳幣，等於每年實拿只有約4萬8千元澳幣(請參考P.71的稅務細項表格)，相當於薪資的百分之十九都用於繳納所得稅及澳洲健保了。

對於個人年收入超過9萬元澳幣，或家庭年收入超過18萬元澳幣的族群，除了基本的澳洲健保2%外，澳洲國稅局會額外課徵1～1.5%的醫療保險附加稅，若想要避免支付這個附加稅，唯一的方法是購買私立醫院保險(Private Hospital Cover)。因此，大部分收入較高的家庭都會購買私立醫院保險，算是稅務局對高收入族群的強制措施。對於無法享有澳洲健保的工作族群，如：學生簽持有者、畢業生簽證持有者等，在每年報稅季時，可填寫一份澳洲健保免支付申請書(Medicare Entitlement Statement)，寄給澳洲民政部，告知他們自己因無法享有澳洲健保，希望能豁免支付該項費用。申請方式有：郵寄、電郵或上傳至我的民政系統(MyGov)等。

非常好用的計算薪資的網站：Pay Calculator

免支付澳洲健保的申請條件及申請書網站

⇧ 打工度假時和朋友一起在酒莊農場剪枝

寫一份完美的澳洲履歷

D3

　　一份好的履歷可以吸引人資的注意，進而取得面試的機會。然而，澳洲履歷要求的格式和內容和台灣的要求有些許不同，以下我會分為「避免事項」和「加分項目」，最後也會和大家分享一些我在學校學到的小祕訣。

避免1：不放照片及生日

　　為求公平起見，澳洲的正式履歷是不放照片和生日的，這

Youtube：
澳洲打工度假出發前
該準備什麼？
履歷怎麼寫？

Youtube：用ChatGPT
寫一份完美的澳洲履歷

點和台灣非常不同。主要原因是由於澳洲的人口來自世界各國的移民，放了照片和生日可能導致雇主在初選階段有所偏頗，或有歧視之嫌。

避免2：不寫自傳，改用自我推薦信代替

猶記當年我在台灣填寫履歷時，需要附上500字的履歷自傳，將自己過去的經驗與該職缺做連結。在澳洲，取而代之的是自我推薦信(Cover Letter)，簡潔扼要地統括本身的專業和能為公司帶來的價值，需簡短有力且不超過一頁為主。履歷詳述了我們本身的技能、工作經驗和傑出表現，而自我推薦信就是履歷的總結，目的是讓人資對我們感到興趣，進而去看我們的履歷。

避免3：不使用萬用履歷

隨著工作類型的不同和經驗的增加，每份履歷在遞出前都應針對該特定職位進行修改，而不是使用同一份履歷投所有的工作。舉例來說，應徵餐廳職缺時，履歷上應註明所有和餐飲有關的經驗和技能，不相關的經驗和技能則可以刪除或放到履歷後半段。

加分1：履歷長度應依工作類型做修改

首先，澳洲履歷的紙張標準尺寸為A4。打工度假或非正式職缺(如：臨時工)的履歷總長度以一頁為主，而正式的職缺履歷長度一般為兩頁。顏色以黑白為主，切勿使用多種色彩。

加分2：撰寫澳洲履歷，附上過去的傑出表現

在投正職工作時，履歷內容應著重在相關技能、證照及工作經驗的表現上。澳洲履歷有兩種撰寫方式，一個是以經驗

為主，比如：總主廚經驗7年、總管理經驗8年；另一個是依時間順序，列出待過的公司、職稱、工作期間和工作內容，這是我個人偏好使用的撰寫方式，也方便人資跟前雇主進行核實確認。在填寫每段經歷時，要加入任職時的傑出表現，並盡量使用量化指標。例如：在10個月內達到銷售業績130萬美元。

加分3：插入「頁首」和「頁尾」

每年求職季時，人資會收到非常多的履歷，因此確保履歷的完整性就很重要了。我會在頁首插入我的姓名和聯絡方式，在頁尾插入頁碼、總頁數和我的名字。倘若人資印出我的履歷，看到頁尾是「1 of 2」，便會知道還有第二頁。這麼做，能幫助我的履歷完整地呈現到面試主管面前。

總結

許多大學都有附設求職顧問，給予畢業生在畢業季求職上許多的幫助，除了提供工作訊息外，他們也會幫忙修改履歷和自我推薦信，建議大家可以多多利用學校提供的免費資源。當初我要畢業前，學校開了許多求職講座，其中一點讓我至今仍印象深刻。當時的求職顧問提到，許多知名大公司或熱門的職缺，人資往往會收到海量般的履歷，因此他們會使用掃描機進行第一階段初選，篩選出履歷中含有關鍵字的應徵者。所謂的關鍵字，就是徵才廣告中該公司列出的希望特質。所以，某些求職者為了提升成功率，又不想讓履歷看起來雜亂無章，會使用「白色字體」將關鍵字加入履歷中，不但掃描機能偵測到，列印時也不影響美觀。當時我聽到時，著實滿震驚的。

寫自我推薦信時，也可使用人資的名字，而非「親愛的人資經理」這類較廣泛的用語，會讓人資感受到我們的用心，進而提升面試機會。

BELLA CHEN Address / Phone number / Email

PROFESSIONAL SUMMARY	
QUALIFICATIONS	
WORK EXPERIENCE	
SKILLS	
VOLUNTEERING AND EXTRA CURRICULAR	
AWARDS	LANGUAGES
	REFERENCE

PAGE 1 OF 2　　BELLA CHEN RESUME

⇧ 澳洲履歷範本

<Your name here>
<Your contact number>
<Your email address>
«Your address»
«Suburb, State POSTCODE»

Dear XXX,

I am writing to apply for the position of XXX at XXX, which was advertised online at SEEK. As requested, please find attached a copy of my resume which outlines my qualifications and experience in more detail.

<Talk about your key skills and experience that would make you the best fit for the role.>

I would enjoy having the opportunity to talk with you more about this position, and how I could use my skills to benefit your organisation.

Thank you for considering my application. I look forward to hearing from you.

Yours sincerely,
<Your name and Date>

⇧ 自我推薦信範本(Cover Letter)

澳洲求職管道

D4

講到找工作，很多人直接想到的是使用求職網站。然而，根據雇主需求及預算的不同，求職管道也是五花八門。本章節會整理出我從踏上澳洲的土地開始，曾使用過的所有求職管道，希望能對大家在求職路上有所幫助。

工作旅社

初到澳洲時，我在朋友的介紹下入住了位於西澳彭伯頓

(Pemberton)的工作旅社(Working Hostel)。該旅社的經營者和周遭所有農場主人建立了良好的合作關係，每當農場主人需要員工時，便會致電工作旅社，請旅社老闆派遣需要工作的人前往工作。

澳洲很多偏遠地區都可以發現工作旅社的蹤跡，尤其是農業發達的鄉鎮。大家若考慮以工作旅社作為剛到澳洲的第一站，切記要查好該地農作物的產季，才不會白跑一趟，白白浪費時間等待工作。舉例來說，彭伯頓的蘋果產季約每年的3月底和4月，葡萄剪枝的時間約6、7月。抓準時間入住工作旅社，才能把握黃金產季多賺點錢。

⇧ 在西澳彭伯頓等待工作的日子，每天就是泡杯茶坐著聊天

社群、網站

隨著網路的發達，許多人也會將工作職缺刊登在社群網站上，如：臉書、膠樹網站和陽光布里斯本(SunBrisbane)等。這類刊登通常不需要廣告費用，規模較小的雇主都會以此方式來招聘員工，我自己本身就曾利用膠樹網站找到葡萄園、餐廳以及會計助理的工作。

需要留意的是，在澳洲某些郊區，如：布里斯本的卡布丘，許多人會以工頭的名義自居，刊登農場的招募廣告，要求求職者入住其私人經營的租賃房產，以提供工作的誘因來綁住宿。因為時有耳聞工頭會遲發薪資，或捲款潛逃的新聞，我個人並不推薦這類型的工作。

人脈推薦／領英

人脈推薦在各個國家的求職環境都占有十分重要的地位，這不是傳統的走後門或空降部隊，而是經由人脈優先獲得面試機會，至於是否錄取，還是以個人面試表現為主。我在澳洲接受求職訓練時，教師曾說：「在人力網站投簡歷之後石沈大海，是因為很多職缺早已透過內部引薦補上了，但是職缺尚未關掉，並不表示我們能力差。」

人脈推薦，除了朋友引薦之外，也有可能是人力仲介的引薦，或是近年來在澳洲很流行的領英(Linkedin)。

　　領英是全球最大的專業人士社群網站，類似臉書，但以拓展職業上的人脈為主。在我畢業那年，學校的職業輔導顧問強烈要求我們要建立一個領英檔案。填寫完個人資料和偏好的職位之後，領英不時會寄來一些建議職缺，但是真正覺得領英發揮用處，是在累積了幾年的相關工作經驗後，我時常會收到公司人資或人力仲介的私訊，詢問我是否有興趣面試他們尚未刊登的工作職缺。

報紙

　　在我求學期間，最常使用的找工作方式，便是中文報紙的徵人廣告了。當年想要累積會計相關經驗的我，由於持有的是學生簽證，澳洲的會計事務所並不願意給我面試機會。

　　原因是，雇主不想花時間精力栽培一位未來尚不確定是否能留在澳洲的留學生。相較之下，在中文報紙上刊登徵才的小型企業主，更願意給予機會。我曾經在台灣和香港人開的公司學習作帳和財務報表，那些工作經驗，當我畢業後尋找正職工作時，讓我比一般畢業生具備更多的優勢。

⇧布里斯本當地出版的中文報紙，是我求學時代找打工的好幫手

求職網站

　　澳洲最知名的求職網站是尋找(Seek.com.au)，規模相當於台灣的104人力銀行。這個網站有許多功能，除了能找到各州的職缺，還有職業建議和員工對雇主的評價等專欄，可幫助求職者更深度地瞭解想前往的企業的工作環境。

其他

　　求職的管道其實非常多，除了上述幾種之外，也可上心儀企業的公司網站，他們不時會刊登一些新的職缺。此外，也可將求職訊息透漏給獵頭公司，當他們有適合的工作出現，便會第一時間詢問你的意願和幫你安排面試。記住，機會永遠是留給做好準備的人。

Seek的各公司
評價專欄

Youtube：
澳洲求職經驗分享

⇦領英的網頁

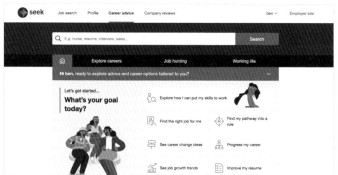

⇦Seek的網頁介面

澳洲面試準備

面試前準備地越詳細，到了面試現場越能表現地落落大方，讓面試官留下深刻印象。以下整理出幾個面試前後需要留意的事項，希望能幫助大家做好面試準備。

事先研究公司背景及挑選適宜的服裝

在澳洲面試，有一個問題幾乎每家公司必問，那就是：「你對我們公司有哪些了解？」(What do you know about our company?)

　　透過這個問題，除了可看出求職者對應徵職務的熱情外，也可看出求職者對自己職涯選擇的責任感。畢竟，不只雇主挑員工，員工也需要挑選適合自己的企業文化，才能確保在該企業長久且開心地工作下去。

　　要了解一家公司，可以研究該公司的背景、產品與服務、組織架構及應徵職缺所需要的技能及人格特質。在蒐集資料的同時，自己心中也能逐漸拼湊這家公司的樣貌，才能進一步判斷自己是否適合並能勝任這份工作。

　　此外，也能找機會去該公司外面，觀察該司員工的服裝要求。澳洲職場穿著可分為正式與半正式。正式職場穿搭為西裝褲、西裝裙並搭配襯衫、領帶，而半正式則稍微休閒一點卻又不失禮貌。面試時穿著跟該司員工相似的服裝，以免顯得突兀。

Youtube影片：
分享英文面試的
常見問題

擬好自我介紹的內容，
準備好面試常見問題的答案

　　一場面試通常始於自我介紹，建議從簡單問候開始，為之前的工作經驗做一個簡短總結，再帶到目前的工作領域。在簡短的自我介紹中，記得列舉重要的工作經歷與成就，以期能在短時間內讓面試官快速地了解職者並留下良好的印象。

　　我在參加面試前，會將面試官可能問到的問題準備好答案，並將答案和自我介紹不斷地重複練習，因此幾乎每場面試都可以侃侃而談，也相對不那麼緊張。若是面試遇到無法回答的問題而表現不佳也無須氣餒，可以視為下一次面試做好更多準備的動力。

面試前熟悉自己履歷，並提早抵達面試地點

　　許多人以為面試官應該在面試前都看過自己的履歷了，但其實不然。時常，求職者是由人資過濾挑選，而面試官會在

面試當天才邊看履歷邊進行面試。因此，了解自己的履歷內容是一件最基本的注意事項，以免發生面試官提問而回答不出的窘境。

此外，我會在面試前一天先去勘查地點，並規畫好停車方式及路線，以免面試當天遲到，一般我會提早15分鐘抵達面試場所。在等待面試官的同時，記得不要東張西望，需坐姿端正和表現大方，因為你的每個小細節可能都會影響面試成敗。最重要的是，記得將手機關機或轉成靜音，以免影響面試的進行。

去信感謝面試官

面試結束後，建議24小時內電郵面試官表達感謝之意。一來可以展現積極，讓面試官知道你很喜歡這份工作，加強面試官的好印象；二來可將面試過程中回答不完美的問題進行補充，製造加分的機會。我通常會將感謝函寫的簡短扼要，主要以向面試官致謝和重申自己對該職位的興趣為主。

我曾寫過的感謝函實例：

Dear Kathryn：
I would like to take this opportunity to thank you and John for taking the time to speak with me about the taxation specialist role. It was great to meet with you and learn more about this position.
From our conversation, it's clear that [Company Name] has the supportive and challenging environment I'm looking for. I am confident that my background in accounting and my interest in taxation services will enable me to do this job well and support the values of [Company Name].
Please feel free to contact me if I can provide you with any further information. I look forward to hearing from you.
Best regards
Bella Chen

親愛的人資經理：
感謝今天您和約翰撥冗面試我（職缺名），很高興能與你們面談並對該職位有更深地認識。
從對話中我能感覺到貴公司對員工的支持和工作上將面臨的挑戰，這是我一直在職涯上想尋求的。
我相信我的經驗和對這領域的熱情，能讓我表現優秀並對貴司崇尚的價值付出努力。
如您有需要我提供其他的資訊，請隨時與我聯絡。期待您的回覆。
祝順心
貝拉

僱員在澳洲享有的保障

D6

工傷保險

工傷保險(WorkCover Australia)，顧名思義，便是保障員工因工作受傷時，仍能有收入資助生活及醫藥費，直到能回到崗位上班為止。除了年度發放薪資費用低於7,500元澳幣的雇主除外，澳洲的雇主依法都有義務購買工傷保險，保險費用以該財政年度和下一財政年預計的薪資費用為基礎，乘以產業比例(Industry Rate，IR%)，有需要購買工傷保險的雇主可聯繫各州的工傷保險機構辦理。

工傷保險可補償的時間，各州規定皆有不同。以昆士蘭州

昆士蘭工傷保險機構的
賠償申請管道

公平工作監察員
(Fair Work)網址

(WorkCover QLD)為例,在2008年1月1日之後受傷的員工,26週內可領取原先週薪的85%;需休養26至104週的員工,則可領取原本薪資的75%。以下是在昆士蘭州發生工傷意外的處理方式:

1. 致電1300 362 128,告知受傷事件或聯繫相關人員辦理工傷保險求償。

2. 填寫線上求償表格。

因傷前往醫院時,也可告知醫院單位自己是在工作時受傷的,院方便會代為聯繫工傷保險機構,保險機構便會進一步協助申請補償。

倘若因工作受傷,不幸碰到雇主未購買工傷保險,則需尋求工傷律師的協助。澳洲雖然有許多打贏官司才付費的律師(No Win No Fee),但其中有些律師會在官司勝訴後,要求支付大筆的律師費用,導致受害員工儘管勝訴了,但剩下的賠償金也所剩無幾。

尋找工傷律師時,一定要多方詢問過往者的經驗或請人推薦,以期得到最好的賠償結果。

公平工作監察員

公平工作監察員,是一個專門居中協調勞資問題的政府組織。舉凡雇主低付薪資、要求超時工作或未確保工作場所的安全等,只要勞工權益受損,無論員工本身是否為澳洲公民或永久居民,都可以向公平工作監察員提出申訴。

聯繫公平工作監察員的方式有許多,可上他們的網站找到其臉書和其他聯絡方式,線上諮詢、電子郵件甚至致電洽詢皆可。

除了可以提出申訴,公平工作監察員的網站還可查詢各行各業的法定薪資,想要在澳洲工作的讀者切記多加利用。

⇧公平工作監察員(Fair Work)網頁

澳洲
國稅局

澳洲國稅局(Australian Taxation Office，簡稱ATO)，除了掌管各項稅務問題之外，若有雇主未付退休金的事情發生，也可向澳洲國稅局進行申訴。前面章節有提到各個財政年度退休金的提撥比例，而雇主最晚提撥退休金的時間，是每個季度結束後的28天內(見P.77)。

　　若是過了最遲支付日仍未在自己的退休金帳戶內看到雇主支付的退休金，則可向澳洲國稅局提出申訴。

澳洲退休金最遲的支付時間		
季度	薪資支付期間	退休金最遲支付時間
1	7月1日～9月30日	10月28日
2	10月1日～12月31日	1月28日
3	1月1日～3月31日	4月28日
4	4月1日～6月30日	7月28日

表格整理時間：2022年8月28日

2027財政年起可能會改變支付頻率，屆時請以國稅局網站為主

我在澳洲
失業了該怎麼辦

領失業
補助金／
求職補助金

我曾經在澳洲和台灣的討論區看到一個類似的留言：「買了房子以後，就要背30年的房貸，突然收入出問題的話怎麼辦？」

受到新冠疫情的影響，許多人在一夕之間失去了工作，澳洲社會福利中心外領失業補助金的人大排長龍，所幸在澳洲政府積極的各項補助政策之下，2022年的失業率已達到2008年之後的新低。

在澳洲，沒有工作收入的人，在家庭年收不超過標準的情

況下，可以向政府領取每兩週631元澳幣以上的失業補助金或求職補助金(新政府預算案預計提高至每兩週840元澳幣)，這個補助金不需要失業以後才能申請，只要你預期你的經濟狀況很有可能發生變化，例如：工作時數減少、失業，最早可於收入即將改變的前13週向澳洲社會福利中心提出申請。

想要滿足求職補助金的領取資格，必須符合以下條件：

· 年滿22歲但未達可領取政府養老金的年紀。從2023年7月1日起，凡於1957年1月1日之後出生的民眾，可領取養老金的年紀為67歲。
· 必須滿足居住要求，意即：是澳洲居民且居住在澳洲。
· 滿足收入及資產測試，但配偶收入過高的情況下會不符合資格，詳細資訊可參考澳洲民政部網站。

除此之外，還要滿足下列兩項其中之一：

· 待業中並正在尋找工作。
· 因生病或受傷而短時間內無法工作。

澳洲民政部的收入及
資產測試網頁

澳洲民政部求職補助金
申請網頁

Youtube：用JobSeeker
預算過一天

求職補助金(JobSeeker Payment)	
個人情況	自2023年3月20日起每雙週最多可領取
單身，無子女	$693.10
單身，有子女	$745.20
單身且超過60歲，已連續領取9個月補助	$745.20
有配偶	$631.20
照料看護者	$949.30

表格翻譯時間：2023年4月22日　　　　　　　　　　　　　　　幣別：澳幣
資料來源：澳洲民政部(Services Australia)，政府補助每年會更新，請以政府網站為主

滿足以上條件後，便可上澳洲社會福利中心網站申請補助金。在領取補助金的期間，每兩週必須向澳洲民政部申報家庭總收入，及定期投遞履歷、參加面試或接受培訓等。

讀到這裡你可能想問：「每兩週才631元澳幣，連繳房貸都不夠吧？」

沒錯！所以澳洲有一個保險叫做收入保障保險(Income Protection Insurance)。

收入保障保險

收入保障保險(Income Protection Insurance)，顧名思義，是用來保障自己在受傷或無法工作時，可以持續獲得收入的一種保險。這個保險分為兩種投保方式，一是自己主動付費投保，二是透過退休金帳戶進行投保。但是，退休金帳戶內提供的收入保障保險，只能在因殘疾或生病而暫時無法工作的情況下，進行保險支付，意味著失業的情況下是沒有保障的，若是擔心突然失業了會無法支付房貸或生活支出，可以考慮自費投保。

收入保障保險通常可支付至收入的75～85%，在投保時可自由選擇保障額度。因此，澳洲許多高收入族群或家中的主要經濟支柱都會選擇自費投保。假如他們突然受傷或因為某

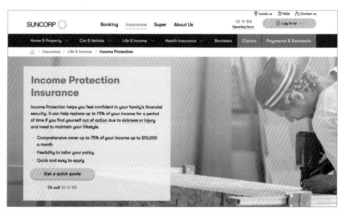

⇧Suncorp銀行販賣收入保障保險網頁

些因素無法繼續工作，保險公司則會依照投保內容每月發放保險金，讓被保險者持續有收入可以生活。

在購買此保險時，要注意等待期和支付期限。等待期意指從申請保險支付日到首筆保險金撥款之間的等待期限，等待期越長則保險金越低；支付期限意指保險金可領取的期限，通常為5年，支付期越長則保險金越高。有意願購買收入保障保險的人，需視自己的財務情況做好規畫。

最重要的是，自費購買的收入保障保險，保險費用是可以抵稅的喔！

收入保障保險下的**被裁員保障**

一般來說，自費購買的收入保障保險，主要是保障在生病或受傷情況下的生活費補貼。然而，澳洲某些保險公司也有提供被裁員保障(Redundancy Cover)，通常是在購買收入保障保險時的一個額外選項。我自己本身就有購買被裁員保障，即使某天真的失業了，也不用太擔心，可以透過領保險金的這段緩衝時間，為自己的下一步做打算。

經濟困難時，**提前領取退休金**

前面提到凡年滿65歲或者滿足55歲且達特定條件者，可開始使用自己退休金帳戶內的資金。然而，澳洲國稅局同意經濟有困難且本身退休金帳戶內有資金的人，在滿足以下兩個條件時，提前領取退休金：

- 已連續領取政府補助達26週；且
- 無法支付基本家庭生活支出

如果申請人滿足上述兩個條件，可向國稅局申請領取最少1,000元澳幣，最多1萬元澳幣的退休金支付，但每次領取的時間間隔不得少於12個月。

澳洲生活

澳洲生活懶人包！「食衣住行」帶你一次了解！
生病了怎麼辦？買房租房如何選？甚至依照你
簽證的不同，推薦你該選擇的澳洲第一站。

食衣住行篇

Chapter

stralian

Daily Life

澳洲的飲食文化

多元美食文化

　　澳洲早期由於殖民地的關係，飲食深受英國影響，以肉類和小麥為主。然而，隨著戰後外來移民的遷入，澳洲飲食也越來越多樣化。在澳洲，除了可以吃到各國移民帶來的正宗異國料理，混合式料理(Fusion)在近幾年顯然已變成大多數餐廳的營業方向，也成為澳洲料理的最大特色，例如，墨西哥卷餅內加入日式照燒雞肉、炸魚薯條搭配泰式青木瓜沙拉

等。對於喜歡嘗試異國美食的人，來到澳洲生活絕對能發現許多驚喜。

但是，我相信大部分和我一樣的海外遊子，最時常想念的，莫過於家鄉味了！來到澳洲之後，究竟在哪才能找到台式家常菜呢？

澳洲的台灣味都在這些地方

有些人移民是為了追求更好的天氣，比如：英國、德國等地的居民移民澳洲，是由於澳洲的藍天與陽光；有些人移民，會尋找和自己家鄉類似的天氣，這也是為什麼，許多台灣人會選擇定居布里斯本。

布里斯本比起雪梨及墨爾本，氣候更溫暖，也更容易種植台灣人熟悉的蔬菜，如：空心菜或台灣品種的高麗菜等。對園藝有興趣的我，曾與住在墨爾本的朋友討論過蔬果養殖，我驚訝地得知，大家普遍認為容易種植的地瓜葉，也因為墨爾本過冷而難以種植成功。

⇧ ⇧ 漢堡排由甜菜根製成，是標準的素食食品
⇧ 萊明頓蛋糕，是澳洲派對和聚會上的常客

布里斯本的桑尼班克或新利班(Sunnybank)，也有人稱小台北，就能找到許多十分道地的台灣美食。雪梨的話，可以去禧市(Haymarket)、好市圍(Hurstville)、查茨伍德(Chatswood)等地尋找中華美食。說到墨爾本，可在市中心或博士山(Box Hill)見到台灣的手搖飲和炸雞排等街頭美食，但種類或選項則稍加局限。至於西澳伯斯和南澳阿德雷德，可能就要去市中心的威廉街(William Street)和海德公園(Hyde Park)附近找找，一解鄉愁了。

澳洲現今流行的飲食習慣：素食＆環保

近年來，由於環保意識抬頭和對健康的重視，越來越多澳洲人選擇當不食用任何動物製品的素食者(Vegan)或僅食用不含麩質(Gluten Free)的食物。在澳洲較難尋覓台灣常見的素食餐廳，若是有吃素需求的人，不妨嘗試澳式素食的菜單喔！

澳洲第一站
如何選擇城市

E2

　　時常有人問我，澳洲第一站應該選擇哪裡？這個問題的答案，因人而異，首先要考慮的，是你持有哪個簽證類型來到澳洲？以及你來澳洲的目的為何？

　　以下我會粗分為3種類型做討論，分別為：打工度假簽、欲留學移民者，以及直接移民澳洲者。

適用於
打工度假簽證持有人

從亞洲來的背包客,除了少數特例之外,大部分人會希望能在澳洲待久一點,甚至希望能有機會拿到身分,留在澳洲永居。對於有這樣需求的讀者,我建議先去可以集二簽或三簽的地點,從事可以延長打工度假簽證的工作。

打工度假簽證為一年一簽。以簽證類別417簽證為例,若你從事特定工作滿3個月,即可延長1年打工度假的期限;滿6個月則可再延長1年,得到共3年留在澳洲打工度假的機會。

延長簽證取決於工作類型、地點及工作時間

上面提到的特定工作,有工作種類及地點的要求。往年要求的工作種類,皆是與農林漁牧礦等第一產業相關的工作為主。近年來,受到澳洲天災和全球疫情影響,更多的工作類型也被納入考量。舉凡像:去森林火災或淹水區做義工、在偏遠地區從事旅遊業、從事與COVID-19疫情相關的醫護工作,目前都被納入可延長打工度假簽證的職業類別。

對於工作地點,澳洲移民局也明確地給出符合資格的郵遞區號。只要你工作的地點落於該郵遞區號的清單內,並從事上述指定的工作種類滿3個月或6個月,即可申請延長你的打工度假簽證1至2年的時間。

對於3個月及6個月工作時間的計算,移民局的網頁也有給出詳細的解釋和舉例說明。總的來說,3個月(88天)和6個月(179天)的認定方式如下:

- 對於一週正常工作5天者,工作連續滿3或6個月即可
- 對於一週工作不到5天者,照比例原則計算後,累計滿3或6個月
- 若工作型態不穩定,加總結果滿3或6個月即可

這些工作天數可分開累積,且不需跟隨同一雇主,只要在簽證到期前累計達到標準即可。

延長打工度假簽證
的工作類別及
工作地點規定

適用於
欲留學
移民者

此網站可以看到移民局邀請了哪些專業及該專業被邀請的EOI是幾分
(Invitation Round)

若打算在澳洲留學之後，靠技術移民留在澳洲永居，那取得高分的移民意向(Expression of Interest，簡稱EOI)即為首要之舉。

前面章節(見P.28)已介紹過EOI的計分方式。一般介於25～32歲之間，在澳洲完成碩士或學士學位且雅思聽說讀寫都至少取得7分的申請者，可達到EOI 60分左右。以澳洲移民局於2022年12月8日的邀請結果來看，隨著工黨新政府上台，新執政者明顯想要吸引更多的技術移民前來澳洲，大部分得到獨立技術移民189簽證邀請的申請者，EOI分數都已降至65分，相較於作者於2022年4月時統計的85分，有大幅度的下降，想移民的讀者一定要盡可能地把握這個好機會。

到偏遠地區學習，EOI可以加分

EOI加分的選項有很多，去澳洲偏遠地區學習便是其中一項。偏遠地區(Designated regional areas)並不像大家所想的偏

移民局於 2022 年 12 月 8 日對各專業的邀請清單

職業列表	最低邀請分數 189簽證	最低邀請分數 491簽證(親屬擔保FSR)
化學家(Chemist)	85	未邀請
幼兒中心經理(Child Care Centre Manager)	65	未邀請
整脊師(Chiropractor)	65	未邀請
臨床心理學家(Clinical Psychologist)	65	未邀請
註冊護士 (Registered Nurse (Aged Care))	65	未邀請
中學老師(Secondary School Teacher)	65	70
社工(Social Worker)	65	未邀請
超音波技師(Sonographer)	65	75
大學講師(University Lecturer)	65	65
獸醫(Veterinarian)	85	未邀請

此清單為簡化版，請用上方QR Code 查詢原始網頁及最新消息　　　　　　(更新至最新 2022.12.8 邀請結果)

僻，以2022年目前的標準為例，除去雪梨、墨爾本和布里斯本三大城市以外的地區，都歸類為偏遠地區。

這也意味著，到其他較小型的都市學習，如：西澳伯斯、南澳阿德雷德和昆士蘭的黃金海岸等，都可以得到偏遠地區學習在EOI的加分，也能同時享有城市的便利性。

須了解各州對各類工作專業的需求度

除此之外，各州政府也會對自州內有需求的專業提供州政府擔保技術移民190或491簽證，比如：新州政府可能願意為髮型設計師或網頁設計工程師提供擔保，而西澳政府可能更偏好農林礦工程師等。各州對不同專業的需求會根據市場需求隨時做變動，大家在選擇之前，都應該先向專業的移民仲介進行諮詢。

城市的選擇除了可能影響移民成功率外，對某些專業也有實質上的影響。曾聽過醫護相關行業的人分享，有些醫療新科技，在雪梨或墨爾本這類的大城市更有機會能接觸到。倘若只是待在布里斯本，每天光是看治普通病患都閒不容息了，根本無暇也無機會接觸到更新的技術。

總而言之，對於那些打算在澳洲留學之後，靠技術移民留下來的讀者，我建議還是要依照自己有興趣的專業，去尋找最有機會得到州擔保的學校和課程，進行學習。畢竟189獨立技術移民對EOI的要求分數時高時低，在申請189簽證的EOI時，若能同時遞交190及491州擔保的EOI，更能提高移民成功的機會。

最後，時常有些網友會透過Youtube留言給我，告訴我他們有興趣的專業並不在移民清單上，而且比起其他小型都市，他們更想到雪梨或墨爾本進行學習。針對這樣的困擾，我從非移民專業的角度來看，只能建議這些網友，不妨先努力取得澳洲永居身分，未來再學習自己真正有興趣的專業，並且搬去自己喜歡的城市居住。在那之前，就先委曲求全吧！

適用於
直接移民者

移民的方式有許多，除了上述的兩種外，有些人會直接靠投資移民或海外技術移民來到澳洲，適合這類移民的首選城市，考量也會不同。

澳洲各城市評估

澳洲和台灣的時差最多為3小時，若是工作方面必須時刻與台灣或香港保持聯絡，可以考慮選擇西澳伯斯為落腳處，完全無時差。家中孩子有上大學需求的家庭，則可以大學排名為考量。2021年QS全球大學排行中，澳洲的前六大院校，雪梨和墨爾本就各占據了兩所，分別為雪梨大學(University of Sydney)、墨爾本大學(University of Melbourne)、新南威爾斯大學(University of New South Wales)及莫納許大學(Monash University)。若是以澳洲前十名來看，雪梨擁有優秀大學的占比是最高的。

至於墨爾本，整個城市不但生氣有活力，同時還保留許多古色古香的歷史建築，並多次上榜「全球最宜居的十大城市」。對於喜歡體育的人，墨爾本每年也會舉辦許多體育盛事，像是墨爾本賽馬競賽(Melbourne Cup)和澳洲網球公開賽(Australian Open)等，非常地熱鬧有趣。

⇧⇧墨爾本海邊知名的彩虹小屋
⇧布里斯本地標，南岸公園

布里斯本由於氣候較為溫暖，吸引許多台灣移民前來居住。布里斯本的房價中位數遠低於另外兩大城市，但目前政府正積極為2032年的奧運，籌備發展多項基礎建設，加上疫情期間墨爾本和雪梨的長時間封城，不少維州和新州的居民也已遷徙到布里斯本，相信這對布里斯本的長遠發展有很大的助益。阿德雷德，南澳的首府城市，又被稱為教會城或南半球的雅典。阿德雷德除了氣候宜人，房價更具可負擔性之外，該城市依山傍海，居民的生活方式也悠閒輕鬆，適合步調較慢的人前往居住。其實，澳洲每個城市都各有各的特點，建議想移居澳洲的人，不妨造訪各個城市，實際體會該城市是否符合自己的居住需求，再做決定。

在澳洲看醫生

E3

健保體系

澳洲有一個類似台灣全民健保的制度，叫做澳洲健保(Medicare)，是一個由全澳洲人民出資營運的健康保險系統。在遞出永久居民申請的那天，便可向澳洲民政部(Services Australia)申請澳洲健保卡(Medicare Card)，並享有澳洲健保的福利。

澳洲健保卡分3種顏色

黃色： 與澳洲政府簽有互惠協議的國家，如：英國、義大利、比利時等國的國民皆可申請，但是保障範圍非常基本，主要是提供緊急且不可等待的醫療服務。

綠色： 發放對象為澳洲公民及永久居民，可享有公費的醫生看診、X光、超音波及驗血等服務，也可持此卡免費使用公立醫院的急診室服務。

藍色： 發放對象為已申請永久居民簽證並正在等待下簽的申請人，可享有的福利與綠色澳洲健保卡相同。

在D章節澳洲工作好找嗎(見P.78)有提到，澳洲的稅由所得稅和澳洲健保組成。一般來說，每個納稅人每年須支付應稅收入的2%給澳洲健保，而低收入戶則無需繳納。以2022財政年為例，該年應稅收入低於23,365元澳幣的納稅人，無需繳納任何的健保費用；而年收入介於23,365至29,207元澳幣之間的納稅人，則可繳交較低比例的健保費用。若有興趣計算自己應繳的澳洲健保費用，可使用前面章節(見P.78)介紹的薪資計算網站：Pay Calculator，來進行試算。

但是，這對某些持有臨時簽證，如：學生簽證的持有者，是頗不公平的，因為他們無法享有澳洲健保的福利。這些無法享有澳洲健保的工作族群，可在每年報稅季時，填寫一份澳洲健保免支付申請書(Medicare Entitlement Statement)，寄給澳洲民政部申請澳洲健保豁免。

當年我在遞出永久居民申請之後，故意遲遲不申請藍色的澳洲健保卡，以為這麼做就能在報稅季時依舊申請澳洲健保豁免。後來，澳洲民政部告訴我我並不符合豁免資格，因為我是自行選擇不使用我的健保福利。希望透過我的經驗分享，讓大家不要重蹈覆徹。

⇩不同顏色的澳洲健保卡

醫生種類與掛號網站

在澳洲最常接觸到的，莫過於一般醫生(General Practitioner，簡稱GP)、專門科醫生(Specialist)、急診室(Emergency)、牙醫(Dentist)和中醫(Acupuncture & Herbal Medicine)了。

就醫收費方式與健保折扣機制

澳洲的一般醫生有兩種常見的收費方式：全額報銷(Bulk Billing)和私人收費(Private Billing)。全額報銷意即醫生直接向澳洲健保請款，病患無需支付任何費用。然而，近年來各行業的成本上漲，越來越多醫生選擇使用私人收費。

解釋私人收費之前，大家需要認識一個名詞：澳洲健保折扣(Medicare Rebate)。針對不同的醫療服務，澳洲健保會給予不同程度的折扣。以普通感冒看一般醫生來說，在2022年約能收到39元澳幣的折扣。如果醫生對病患收取80元澳幣的診療費，那扣除折扣之後，病患需自行負擔41元澳幣的費用。因此，先收取病患80元澳幣診療費，再讓病患申請澳洲健保折扣的醫生，就稱為私人收費，或稱混合收費(Mixed Billing)。

澳洲健保折扣的領取方式依各診所的規定而有所不同。有的診所會在病患支付診療費時，將折扣直接返現至病患用來支付費用的銀行卡或信用卡上；有的診所會通知澳洲健保返現，澳洲健保便會將折扣匯至病患在「我的民政系統」(MyGov)登記的銀行帳戶內。若是因銀行帳戶改變而未能收到款項，只要在「我的民政系統」上更新你的銀行帳戶後，再寫信請澳洲健保重新付款即可。

這裡和大家介紹一個全澳皆適用的掛號網站：HotDoc，可在這網站上搜尋各科醫生，以及不同收費方式的醫生。搜尋到需要的醫生或服務後，也能在HotDoc上直接預約掛號，非常方便。

⇧⇧某間診所的私人收費方式及澳洲健保折扣
⇧位於布里斯本市中心的GP診所

一般科轉診專門科，記得請一般科醫生開立介紹信

在一般醫生檢查不出病徵的情況下，病患可要求轉介至專門科醫生做更詳細的檢查。專門科醫生的收費會高出一般科許多，如果病患想要申請澳洲健保折扣，需要請幫忙轉介的一般科醫生開立一份介紹信(GP referral)，否則診療費會十分可觀，通常為數百元澳幣起跳。

在使用公立及私立醫院急診室的服務時，也能發現診療費用差距甚遠。澳洲健保可讓病患在公立醫院急診室享有完全免費的醫療，但私立醫院則需要支付差額。因此，許多人會購買私立醫院保險，這個我們稍後會提到。

最後，澳洲健保並不像台灣一樣，能補助牙醫和中醫的診療費用。在澳洲，若有看牙醫及中醫的需求，除了自掏腰包之外，有些人會購買私立醫院保險的附加險(Private Health Cover Extras)。這種私保附加險(Extras Cover)，可獨立於私立醫院保險，單獨購買，保費也相對便宜許多。每個人可針對自身的需求，購買不同醫療服務的附加險，如：牙醫、配眼鏡、物理治療及自然療法(含中醫)等。

私立醫院保險

儘管持澳洲健保可享有公立醫院的免費醫療，但對於非緊急或必要的手術，想要在公立醫院接受手術，需要非常長的等待時間。加上某些醫療服務並不在澳洲健保的保障範圍內(如：救護車、驗光)，有些人會選擇購買私立醫院保險，甚至加保私保附加險。私立醫院保險可讓受保人等待非緊急手術的時間大幅縮短，也可選擇自己偏好的醫師；而私保附加險則可享有牙醫、驗光等澳洲健保不給付的服務。

澳洲政府為了鼓勵民眾購買私立醫院保險，提供了許多激勵措施和相關的懲罰，如：

1. 自滿31歲起，每遲1年購買私立醫院保險會被多收2%的終身健康保險加載(Lifetime health cover loading，簡稱LHC

Loading)。舉例來說，若你40歲才決定購買私立醫院保險，則需要多支付20%的保費(計算方式：(40-30)x2%=20%)。對於超過31歲才移民澳洲的新移民，只要在註冊並享有澳洲健保福利的12個月內，購買私立醫院保險，便不需額外支付終身健康保險加載。

2. 針對收入較高的族群，政府也提供了與稅收相關的獎懲措施。一般來說，單身者每年的應稅收入超過9萬元澳幣，或夫妻1年應稅收入超過18萬元澳幣的家庭，報稅時除了要支付所得稅和2%的澳洲健保之外，還要額外支付1～1.5%的醫療保險附加費(Medicare Levy Surcharge，簡稱MLS)，但持有私立醫院保險則可以免除該筆附加費。也因此，許多人是為了節稅而購買澳洲私立醫院保險，而非為了使用額外的醫療服務。

3. 提供私人醫療保險折扣(Private Health Insurance Rebate)，讓私人保險更有負擔性。

2015 財政年至 2023 財政年，各收入級距需支付的醫療保險附加費比率 (MLS income thresholds and rates from 2014-2015 to 2022-2023)

級距(Threshold)	基礎收入 (Base tier)	收入級距1 (Tier 1)	收入級距2 (Tier 2)	收入級距3 (Tier 3)
單身者級距 (Single Threshold)	$90,000 及以下	$90,001～ $105,000	$105,000～ $140,000	$140,001及更多
家庭級距 (Family Threshold)	$180,000 及以下	$180,001～ $210,000	$210,001～ $280,000	$280,001及更多
醫療保險附加費 (Medicare levy surcharge)	0%	1%	1.25%	1.50%

資料來源：澳洲國稅局   幣別：澳幣

澳洲的4大銀行及投資理財管道

須知的 銀行及 理財商品

澳洲的主流銀行有4家，分別為澳洲聯邦銀行(Common-wealth Bank，簡稱CBA)、西太平洋銀行(Westpac，簡稱WBC)、澳洲國民銀行(National Australia Bank，簡稱NAB)以及澳新銀行(Australian & New Zealand Banking Group，簡稱ANZ)，有些較小眾的銀行也隸屬4大銀行旗下。

在澳洲，大家一般會開立至少2個帳戶：消費帳戶及存款帳戶。消費帳戶搭配的銀行卡可用於日常開支及存提款，但不會支付任何利息；相對的，存款帳戶則能夠產生利息收入。

想要獲得更高利息的話，可查詢一些無實體通路的網路銀行，有時利率會優惠許多。

4大銀行也都有各自經營的股票交易平台，想買賣股票可加開一個證券戶(Investment Account)，透過銀行的交易平台買賣股票，手續費會比找專業代理人便宜很多。如果有龐大資產需要更專業的人幫忙打理，則可尋求理財顧問的協助。大多數理財顧問會有自己配合的資金組合公司，但每個月的帳戶管理費也相當可觀。正規的理財顧問會在諮詢初期讓客戶填寫一份投資風險取向問券(Risk Profile Questionnaire)，再依據客戶對風險的容忍程度進行適合的投資。

值得注意的是，在澳洲，各行業之間涇渭分明，比如：會計師和理財顧問所持的執照及能提供意見的權限不同。除非諮詢的顧問同時持有兩項執照，或該顧問公司兼有會計師及理財顧問，否則沒有人能向顧客同時提供兩項服務。

進行投資理財或在銀行存款時，切記要將自己的稅號提供給金融機構，一來，銀行會將你的收入資訊提供給國稅局，可讓年底的報稅程序更加簡便；二來，在未提供稅號的情況下，銀行會扣取「未提供稅號預扣稅」(TFN Withholding Tax)，導致實際到手的股息或利息較少。想要把「未提供稅號預扣稅」申請回來，必須在年底透過報稅才能取回。

最後，向大家介紹一個澳洲銀行非常方便的服務，叫做付款代號(PayID)。這是一個十分便捷的實時轉帳系統，可用手機號碼或電子郵箱綁定你的銀行帳號。當別人轉帳給你時，不但不需輸入冗長的銀行行號及帳號，也可以在幾分鐘之內直接到帳，比傳統跨行轉帳需要隔日才能到帳的舊制快速又方便。然而，近年來有些詐騙集團試圖利用付款代號進行詐欺，宣稱收款者需付費升級至更高階的付款代號才能進行，但實際上付款代號非常單純且直觀，並沒有高階低階的產品類別可言。請讀者留意此類型的詐騙，不要上當。

⇩詐騙集團試圖用PayID
有不同等級的藉口詐騙
我朋友

Yes i see there is a problem on your pay iD they want me to send additional payment of $990 to make your account premium user and you will be receiving the total of $2,000. i will be sending it now if you promise to refund me back

The money have already been deducted from my account pay iD need your account to be upgraded to a premium user right now to receive the money on your account immediately

在澳洲應該租房
還是買房？

E₅

買房租房的利弊比較

許多人在計畫搬來澳洲時，會先以手上擁有的資金開始在澳洲尋覓房產，但我認為，除非有熟悉的親友已住在當地，否則在人生地不熟的情況下，直接買房不是一個明智之舉，原因如下：

1.工作考量：移民到澳洲後，多少都會有找工作的需求，而直接買房會限制了找工作的彈性。在不考量政府對首購置業者補貼的情況下，在澳洲買房要支付印花稅(Stamp Duty)、律師費及相關規費，在澳洲賣房則需要支付律師

費及房產仲介費等。若是在買房後找到了別州的工作，而不得不將房產賣掉，短期內一買一賣可能會產生極大的財務損失。另外值得一提的是，新州政府自2023年1月16日起，不會對購買150萬元澳幣以下房產，且選擇「首購買家選擇」(First Home Buyer Choice)的首購置業者收取印花稅，取而代之的是年度財產稅(Annual Property Tax)，是一個有利於買方的好消息。

2.**對當地環境不熟悉：**有些地方，需實際住過之後，才知道是否符合自己的需求。以布里斯本市區旁的圖旺 (Toowong)為例，治安良好，近學校和河畔，是許多人嚮往的住宅區。但是，唯一的對外道路加冕大道 (Coronation Drive)，平日上下班交通堵塞嚴重，唯有親身經歷過才能了解其不便之處。

3.**銀行貸款：**初到澳洲，若非打算現金買房，都需要透過銀行進行住房貸款。銀行評估是否貸款時，會查看借款人的工作穩定性及先前的房租繳款紀錄，先租房並按時地繳納租金，可提高未來貸款的成功率。

建議先租房，安定後盡速買房

　　談了一些先租房的好處，但我還是建議在安頓下來之後，能盡快購買房產，投資或自住皆可。儘管澳洲人多數認為移民進而推高房價，導致越來越多本地人買不起房產，而頗有微詞。但疫情之後，澳洲政府打算提高移民配額來刺激經濟，未來人口增加會是不爭的事實，加上目前建築市場面臨困境，許多建商因財務周轉困難而紛紛倒閉，導致新建房數量大減。移民增加和新建房的縮減，會使澳洲房產價格越來越高，最終超出民眾的負擔能力，甚至迫使新移民往偏遠郊區發展。

澳洲租房須知

隨著移民回流加上房貸利率高漲，在更難貸款買自住房的情況下，租房市場日趨競爭，許多人面臨租不到房子的窘境。但儘管如此，租客本身應享的權利還是該受到保障，以下我將透過租房流程帶大家了解在各階段應注意的事項：

1. 查詢租房廣告：我在澳洲體驗過2種租房模式，分別為透過二房東租房及直接與仲介簽立租約。前者通常是租客向仲介租下房子後，再進行分租，由於他們不會告知房東有要分租的打算，屬於不合乎法規的範圍，大多數二房東會在臉書或膠樹等頁面刊登租房廣告；後者由於是正規租房，多在澳洲最大的房屋網站：Realestate.com.au刊登廣告。

2. 遞交租房申請：實際賞屋後，便可對有興趣的房產進行租房申請。租房市場不那麼競爭時，只需準備租屋申請表，告知自己的背景和收入資訊，並且附上推薦人，可以是前房東、前租房仲介、現任公司或是會計師，方便新的仲介或房東可以進行核實，確保未來能正常繳納租金。2022年，澳洲經歷租房危機，租房市場面臨僧多粥少的局面，有些人會另外附上過往租金支付明細 (Rental Ledger)或提供比開價更高的租金，以求能租到房子。

3. 押金和預付租金：房東確認承租後，便要繳納押金(Bond)和預付租金。昆士蘭州的規則是支付四週押金和預付兩週租金，意即要準備六週的預備金。仲介或房東拿到押金後，必須上繳給各州的住宅租賃管理局，昆士蘭州管理局的代碼是RTA(Residential Tenancies Authority)，維多利亞州則是RTBA。

前面提到的二房東通常會將收到的押金存在私人帳戶，是不合乎法規的行為。還有，切忌在未看屋或遇到仲介前先將押金匯給對方，以免遇到詐騙。

4. 屋況確認：搬進租賃房屋後，必須做屋況的確認，以免日後吃虧。在昆士蘭，可自行上RTA網站下載或請仲介提供一份入住屋況報告(Entry condition report)，將入住時發現的瑕疵記錄下來，並於入住的三日內交還給仲介，請他們確認

之後留存一份備份給你，在未來租期結束搬出時，可用來比對並釐清責任歸屬。

5. **租期結束**：澳洲的租約到期日並不等於租期截止日。以昆士蘭來說，仲介應在租約到期日的前兩個月，將新租約和搬離通知(Notice to Leave)寄給租客，若兩週內租客未給予答覆，搬離通知視同生效，租客應在租約到期時搬走；若是仲介無所作為而放任租約到期，定期租約(Fixed term lease)會變成週期性租約(Periodic lease)，失去租約到期日的約束，須由房客自發性地提供意圖搬離通知(Notice of intention to leave)，收到通知14天後，租約方能視為結束。由於各州規定不同，大家在租房時務必向租房仲介詢問清楚，以免產生租房糾紛。

Realstate.com.au

Youtube影片：
在澳洲租房子，
36,000元台幣在澳洲能
租到什麼房子？

⇦澳洲最大房屋網站Realestate.com.au

為什麼在澳洲買房比台灣容易

在澳洲，儘管房貸利率和所得稅率高出台灣許多，卻相對容易擁有自己的房產，我認為可歸功於以下的因素：

1. **可負擔性**：根據全球數據庫Numbeo在2021年的統計，澳洲的房價收入比為7.27，即房價是平均薪資的7倍，而台灣則是21.78倍。即使來到房價大漲後的2023年，各首都目前房價的平均中位數約為76萬元澳幣，以平均薪資6萬7千元澳幣計算，一個房產約為澳洲人薪資的11倍。

2. **政府政策**：澳洲政府重視每個人的居住權利，一直為了幫

助人民購屋制定不同政策。從西元2000年推出的首次置業補助(First Home Owners Grant，簡稱FHOG)，約1萬至1萬5千元澳幣、首購族的印花稅減免，到2022年工黨上台推出的「幫助購買」(Help to Buy)政策，旨在幫助澳洲人以極低的2%自備款來購買房屋。

3.澳洲銀行提供的貸款保險：澳洲房貸有一個台灣銀行沒有的特色，叫做「抵押貸款保險」(Lenders Mortgage Insurance，簡稱LMI)。

在未準備規定之20%自備款的情況下，購房者可透過使用「抵押貸款保險」來通過銀行的房貸審核，進而獲得貸款。「抵押貸款保險」可一次性支付，但通常會納入貸款金額分30年攤還。要注意的是，抵押貸款保險不能轉讓，若是貸款人有轉貸需求，且轉貸時貸款餘額高於銀行估價的80%，則需要購買新的抵押貸款保險。

舉例來說，購買30萬元澳幣的房產，一般需準備6萬元澳幣的自備款，我當初只準備了5%約15,000元澳幣的自備款，付了近8,000元澳幣的抵押貸款保險，讓A銀行貸款給我；時隔多年，我想重新轉增貸，貸款成數9成，依然低於20%自備款，便要支付新的抵押貸款保險給轉增貸的B銀行。

澳洲房價中位數表格

2023年3月31日指數結果	房價中位數
雪梨	$1,014,393
墨爾本	$747,322
布里斯本	$698,071
阿德雷德	$645,721
伯斯	$567,111
霍巴特	$650,689
達爾文	$492,465
坎培拉	$828,175
首都總和	$764,995
郊區總和	$578,486
全國	$704,723

表格出處：https://reurl.cc/Y8Ny7L　　　　　　　　　　　幣別：澳幣

個人見解：
買房優於
租房

一直以來，我都認為自己一輩子只能不停地租房，直到2019年，我無意間在Realestate.com.au網站上看到了一間全新的一房公寓。因為房產尚未經過買賣，加上我和先生名下沒有任何房產，我們符合了首次置業的條件，得到了政府15,000元澳幣的補助，也因為公寓金額低於50萬澳幣，我們以首購者的身分免繳印花稅。

買了公寓之後，我們每月的房貸和支出相較於租屋時期大大減少許多，時常當月光族的我們開始有了存款。後來，新冠疫情爆發、股票大跌，由於澳洲鎖國，我和先生將無法旅遊的預算全部投資在股市上，股市回穩之後，我們靠著在股市賺到的錢，和升值的房產，重新轉貸套現，又買了第二套占地頗大的中古屋。

這時候，我終於理解了，租房不如買房的道理。

在有能力負擔的情況下，繳納貸款其實是一種變相儲蓄，等到日後需要用錢或房產升值時，可將之前繳納的貸款重新套現，但租金好比打水漂，支出了就沒了。

再加上現在澳洲租屋市場競爭激烈，當看到許多人為了承租房屋大排長龍，甚至開出比屋主希望還高的價錢，只為了能夠租到一個棲身之所時，我更慶幸自己能夠擁有自己的房產。

總結來說，由於澳洲長年吸收新移民，加上政局相對穩定，澳洲房產價格的長期趨勢是穩健上漲的。既然澳洲沒有遺產稅和贈與稅，購買房產不但能自住還能留給下一代，何樂而不為呢？

⇦成功申請首次置業補貼之後，會收到來自州政府的確認信。我們當初買公寓時收到的首購族補貼確認信件

澳洲買房

住宅種類

澳洲住宅類別主要分為3類，分別為：獨立房屋(House)、連排房屋(Townhouse)及公寓(Apartment)。

獨立房屋顧名思義，即為有獨立土地產權的房子，屋主需自行對產權範圍內的房產進行修繕和負責。不同於另外兩種房產，獨立房屋沒有管委會的共同基金可供使用，若房屋在天然災害時受到毀損，屋主將需要支付一筆為數可觀的修繕費用。因此，大多數獨立房屋的屋主在購買保險時，會同時購買建築保險及家庭財產保險(Building & Contents

Insurance)，以備不時之需。

　　儘管如此，喜愛在假日種種花草、和親友小聚的澳洲人，在經濟能力許可的情況下，仍會選擇購買獨立房屋。除了有更大的活動空間，澳洲人也明白「土地增值，房屋折舊」的觀念。獨立房屋在地方議會的批准核可下，是可被拆掉重建的，除了一個例外，就是文化建築(Heritage Buildings)。

　　文化建築具有歷史價值，但在改動方面則需要政府機關的重重審批，除了不能拆掉重建之外，有些建築甚至規定只能使用限定的磁磚、屋頂做裝修，維護費用相對於一般房產高出許多，想要避免購買到文化建築，可上各州的政府機關查詢，如新州的歷史遺跡網站(State heritage inventory)。

　　至於連排房屋和公寓，通常位於生活機能方便的絕佳位置，有管委會(Body Corporate)進行管理及購買建築保險，屋主只需購買家庭財產保險即可。連排房屋和公寓的價格通常較獨立屋便宜，但未來發展及可更動空間也較受限。

⇧昆士蘭市議會的網站(Heritage Places)可查詢受到保護的文化建築，圖中的建築雖然看似普通的老房子，也位於深受華人喜愛的桑尼班克精華地段，但由於列為文化建築，房屋翻修及改建空間會受限

⇧近年來連排房屋設計新穎，公設部分也做得十分完善，有兒童的遊樂空間及休憩區

⇨澳洲公寓通常位於生活機能十分方便的位置，但不同於市中心公寓通常為摩天大樓，郊區的公寓一般不超過8層樓

如何選房子

在台灣，買房的考量因素不外乎為學區佳、近捷運、景觀佳，凡是擁有以上條件，房產升值只是早晚的事。但是，澳洲人偏愛購買有獨立土地產權的房屋，類似於台灣的獨棟別墅。一個近市區且學區好的公寓，升值潛力時常不如一個郊區的獨立房屋。

澳洲國民銀行曾在疫情期間做過調查，結果顯示，西澳買家更傾向購買獨立房屋而非公寓；對昆士蘭州的買家來說，土地大小是他們決定購屋的關鍵因素。

我個人認為，在澳洲買房，除了應配合當地思維，儘量選擇獨立屋之外，也可參考以下列出的4項考量要素。雖是以昆士蘭州為例，但其他州的買家也可酌情參考。

1. **學區(Catchment)**：澳洲私校學費頗高，有些人因此傾向將家中的學齡孩童送去優秀的公立學校就讀，但因名額有限，居住該校學區內的家庭會更容易得到入學機會。對沒有學區需求的買家來說，購買學區好的房子，未來需要將房產出租時，也會得到有孩童的租客的青睞。然而，近年來澳洲學區房產的價格水漲船高，在學區租屋或購屋也要付出相對較多的金額。

2. **淹水隱患(Flood Zone)**：隨著全球氣候變遷，澳洲近年來發生天災的頻率日趨頻繁，2022年截至10月底止，東澳就經歷了2次豪大雨，造成部分地區大面積的淹水。對於處在淹水區的房產，保險公司也時常拒絕提供保障。

3. **了解當地的治安與交通**：對某物件有興趣時，可利用上下班甚至週末的時間去當地走訪，查看是否會在交通顛峰時刻堵車；治安方面，可使用昆士蘭警察提供的犯罪地圖，輸入郵遞區號後，便可看到該地區甚至不同街道在指定時間內曾發生過的犯罪類型及犯案次數。治安除了影響居住安全外，也會影響房屋保險和車險的保費金額。

4. **確認自己的需求**：購房時，務必考慮自己的短期和長期目標，了解自己購屋的動機為何？自住需求的買家，可考慮該房產到上班地點，交通是否方便？附近是否有購物中心？

⇦週末在後院勞動

⇩以華人區桑尼班克為例，圖為上個季度該郊區曾發生的犯罪統計，黃色數字為犯罪次數，藍色方塊內則是犯罪類型

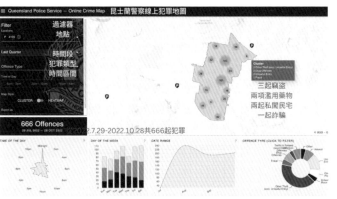

昆士蘭學區地圖網站，輸入地址就會顯示該房產隸屬的澳區

昆士蘭淹水地圖網站，輸入地址就會顯示該房產在豪雨時會淹水的可能性

昆士蘭警察的犯罪地圖網站，輸入郵遞區號就會顯示該區在某時段曾發生的犯罪類型及次數

希望房產未來能升值的買家，應避開開發商在郊區大量開發的購地建房套餐(House and Land Package)或是市區新建的公寓樓盤(Apartment)，因為以經濟學的角度來看，這兩項產品都是供過於求，缺乏土地稀缺性。每個人由於需求及預算不同，在準備購房之前，可列出自己願意妥協及絕對不可妥協的要素，並考慮該房產是否符合自己的生活習慣。以我們家來說，由於先生在市區上班且我們雙方都工作繁忙，在購買了郊區的獨立屋之後，不但通勤時間增加，假日也需要除草和清理泳池而無法好好休息，就是當初我們沒考慮生活習慣的結果。

近年最夯的投資方式：租房投資

前面提到，地點或學區好的獨立房屋，價位通常較高，動則百萬澳幣起跳，但市中心公寓樓盤的升值潛力又受限。很多時候，既要房產能有增值潛力，又要符合自己的生活習慣，不一定能兩全。因此，澳洲近年來興起了一股風潮：租房投資(Rentvesting)。

這是一個近年來在澳洲房產投資者間急遽攀升的概念，意即購買自己可負擔且具增值潛力的房產，將其出租，而自己繼續在符合生活習慣的地點租屋。最常見的情況是，房產投資者購買位於偏遠地區但具增值潛力的獨立房屋，自己在市中心的公寓租房。

澳洲房價持續上漲，越來越多人發現自己已無法在預算範圍內，購買理想地點的房產。以布里斯本為例，鄰近市中心的郊區，如：南岸(South Bank)、圖旺(Toowong)等，獨立屋價格皆達一兩百萬澳幣，當許多人正在為了購買夢想家園努力儲蓄時，房產價格攀升的速度卻遠快於他們的存款速度。加上澳洲房貸利率比台灣高出許多，這樣的房價讓許多領薪階級或首次置業者望之卻步，遲遲無法進入房地產市場。

租房投資，打破先購買自住房的傳統觀念，轉而先購買投資型房產。利用購買正向現金流的房產(意即租金扣掉一切費用後尚有盈餘)，搭配房產升值，如此重複操作，最終靠著賣掉手上的幾套房產，來購買自己真正心儀的夢想家園；也有人選擇持續租屋，但藉由租房投資，提早達到財富自由。

➪位於布里斯本華人區精華地段的獨立屋，屋主於1988年以40,500元澳幣購入，占地700平方公尺，2021年的土地價值已達到73萬澳幣，含土地的房產市值粗估至少百萬澳幣

澳洲
買房流程

海內外人士皆可在澳洲買房，只是海外人士需特別申請「海外人士購房許可」(Foreign Investment Review Board，簡稱FIRB)，未配合規定者，輕則被罰款或處以重罰。此章節主要介紹澳洲公民和永久居民會面臨的買房流程。

第一步：了解預算及評估自備款

　　從決定買房開始，便要知道自己能負擔的預算為何。預算主要取決於兩個因素：自備款及收入。一般來說，澳洲買房需要20%的自備款，在自備款不足的情況下，可透過向銀行購買抵押貸款保險來幫助核貸，且貸款保險可納入貸款總額分30年償還。在貸款保險的幫助下，自住房最低只需5%的自備款即可購買房產，而投資房最低只需10%的自備款。

　　然而，2022年澳洲聯邦選舉，獲選的工黨提出幫助購買計畫(Help to Buy)，預計每年幫助一萬名中低收入者，最高提供二手房30%或新房40%的自備款，讓他們能擁有自己的房產。澳洲政府則享有該房產的部分產權，直到房產出售時再照比例歸還給政府。凡符合資格的買家，最低可以2%的自備款進入房產市場，且不需要購買抵押貸款保險。

　　想進一步了解自己借貸能力的讀者，可利用每家銀行免費提供的網路房貸試算機(Borrowing Power Calculator)，或是找貸款仲介幫忙做貸款評估。值得一提的是，澳洲大部分的貸款仲介都是無償提供服務，因為房貸核批之後，銀行會提供仲介佣金。一般來說，除非在貸款成功的前兩年內重新轉貸，導致銀行可能會向仲介收回先前支付的佣金，不然購房者是不需要支付任何服務費用給貸款仲介的。

　　最後，在評估自備款時，要記得預留金額支付之後的印花稅(Stamp Duty)。對昆士蘭的首次置業者來說，首購房價低於50萬澳幣的情況下，不需支付印花稅；在購買全新房產或自建房時，昆州政府也提供首次置業者15,000元澳幣的首次置業補助(其他州只提供10,000元澳幣)。

Youtube：
澳洲買房流程
經驗分享

第二步：挑選房產及出價

本章節一開始提到挑選房產的4項考量因素(見P.120)，這邊則不多贅述。特別需注意的是，打算買來自住且想支付自用型減免印花稅的買方，要確保自己在過戶1年內能遷入，並且住滿至少1年的時間。如果該房產現有承租方或現任屋主有回租的打算，則必須在過戶後半年內請他們搬出，否則會失去減免印花稅的資格。倘若有遇到類似的情況，建議在出價前就先和房產過戶律師討論清楚，了解自己的權利與義務，以免日後在政府稅金方面吃虧。

出價時，可參考澳洲兩大房產網站Realestate.com和Domain提供的行情(Home Price Guide)。希望房產能更具增值性的買家，也可計算土地對資產比例(Land to Asset Ratio)，以土地價值除以房產購買價，比例高於7成為佳，最低也不要低於5成。

↑澳洲兩大房產網站
Realestate.com及
Domain的Logo

在出價的時候，斡旋單上記得要標註但書，以保障自己的權利。最常見的但書為：須在14天內通過銀行貸款評估，方為生效(Subject to Finance 14 days)、須在7天內通過驗房及白蟻蟲害評估，方為生效(Subject to building and pest inspection 7 days)，甚至海外買家也可加上須通過海外人士購房許可 (Subject to FIRB)的但書。有了這些附加條款，當貸款或驗房出現問題時，買方則可無條件解約，否則賣方有權扣押買方支付的訂金，損失極大。

第三步：正式簽約，買方享有的權利與義務

當賣方接受買方的出價時，即可進入簽約程序，房產仲介通常會準備一份制式合約，請買賣雙方簽署。在簽名之前，建議請房產過戶律師先看過合約，查看是否有不利於買方的條款，並確保合約內容有涵蓋斡旋單提及的但書。仲介也會要求買方支付雙方達成協議的訂金，訂金一般不應超過總價

的10%，並應只支付給仲介或賣家律師開立的信託帳戶。

此外，昆士蘭州的買方得享有5個工作日的冷靜期，若是冷靜期內買方決定不進行購買，須在第五個工作日的下午5點前，以書面形式解約，超過此期限則買方視同購買。解除合約後，賣方有權扣押總價之0.25%的金額作為罰款，並應在14日內將剩餘訂金歸還給買方。關於冷靜期的天數和罰款的規定，各州皆不同，須以欲購買房產所處的州的規定為準。

在昆士蘭，自簽約後的第一個工作日下午5點起，買方便開始為房子的風險負起責任，所以在昆士蘭買房，簽約後的首要任務便是購買房屋保險。2022年2月的連日豪雨，造成部分地區淹水，許多從別州購買昆士蘭房產的買方由於不清楚這項規定，而遭受了不少財物損失。各州需購買房屋保險的時間點都不同，以新州和維州來說，只需要在交屋日購買房屋保險即可，有意在澳洲買房的讀者必須特別留意各州規定，以免吃虧。

⇧2022年的水災，布里斯本市區的地下停車場完全被水淹沒

第四步：辦理貸款和處理過戶

簽約之後，便要開始處理貸款及請房產過戶律師協助過戶。房產過戶律師會做房產調查，有些在意通行權(Easement)的買家，可請有經驗的房產過戶律師調查欲購買的房產是否有通行權。通行權，顧名思義就是讓非土地持有者，為特定目的進入或使用部分土地的一個法律工具，如政府的下水道。通行權可分為有利於土地的通行權(Benefiting easement)及不利的通行權(Burdening easement)，像光及空氣通行權，就可保障土地觀景不受影響，屬於有利的通行權。某些澳洲房產情況特殊，房屋本身被其他房產包圍，自己的部分土地需讓被包圍的鄰居作為出入使用，就被視為不利的通行權。

貸款的部分也要記得在合約規定的交屋日之前完成，近年來有不少因銀行疏失而錯失交屋日的案例，最後皆以買方損失訂金且賣方取消交易收場。

在過戶之前，可進行過戶前驗房，以確保賣方沒有損壞房產或雙方合議的維修項目已確實完成。

過戶當天，房產過戶律師會提供一份過戶明細(Settlement Statement)，詳列買方需繳的印花稅、水費、地稅等，只要確保撥款帳戶內有足夠金額可供扣款即可。等到銀行撥款給賣方之後，仲介便會通知領取鑰匙的時間，此時房產便過戶成功。

房屋
裝修與修繕

澳洲各行各業分工十分明確，水工、電工、木工都各有各的執照，在計畫房屋翻修等大工程時，切記聘請持有專業執照的技術人員。

以昆士蘭來說，凡工程金額高於3,300元澳幣，便需要持有昆士蘭建築委員會執照(Queensland Building and Construction Commission，簡稱QBCC)的技術人員來進行裝修，未來倘若裝潢過程中發生問題，可向昆士蘭建築委員會申請保險理賠；反之，將裝潢工程交由沒有執照的人進行，發生問題時很有可能投訴無門。

除了裝修人員之外，家中任何和用電有關的安裝也應使用有執照的電工。儘管澳洲政府規定嚴謹，但坊間也有些沒有執照卻謊稱自己有執照的電工師傅會欺瞞消費者。建議大家在尋找電工師傅時，先上澳洲電力安全局(Electrical Safety Office)做查詢，以確保自己找到的電工是具有合法的執照。

⇨我們自己動手將門改色上漆

澳洲的交通

E7

4大城的 **大眾運輸 工具**

澳洲各州由州政府分別管理，大眾運輸看似雷同，但在許多細節上卻不盡相同，以下將介紹澳洲4大城市的大眾交通運輸工具及注意事項。

雪梨Sydney

身為澳洲最大的城市，雪梨的大眾運輸工具發展最為成熟，不但有澳洲唯一的雙層火車，利用公車、火車、渡輪和

↑雪梨的澳寶卡

捷運幾乎可抵達所有的地點。因此,在雪梨最重要的交通卡,就是澳寶卡(Opal Card)。

澳寶卡可用來搭乘不同的交通工具,類似台灣的悠遊卡,依使用者的類型可分為:成人卡、學生卡、兒童卡及敬老卡4種卡別。購買澳寶卡時不需要押金,但是成人卡最低的加值金額為20元澳幣,而其他卡別最低加值金額為10元澳幣,一般在車站、書報攤(News Agency)或超市(7-Eleven)等地都可以購買。

但自2019年9月起,雪梨開始提倡使用Visa、Mastercard或美國運通等信用卡直接搭乘大眾運輸工具,若是擔心系統不完善而刷卡失敗,也可綁定手機裡的應用程式:澳寶交通(Opal Travel)直接用手機進行付款,適合不住在雪梨且擔心無法用完澳寶卡餘額的民眾。

雪梨的每個交通工具都有各自的計價規則,因此,同一段旅程可能會因交通工具選擇的不同而導致費用不同。另外,澳洲的大眾運輸工具有分尖峰和離峰時段兩段票價,一般非上下班時間、週末及國定假日皆可算為離峰時段,費用約為7折。

使用澳寶卡時,上下車及渡輪都需要刷卡,否則會被收取罰金(除了Manly線渡輪可以只刷卡一次例外)。優惠方面,自每週一起,連續搭乘8次之後(往返機場除外),接下來該週的任何搭乘都能享有半價的優惠,直到週日為止,下週一起再重新計算搭乘次數。另外,在結束某項交通工具的搭乘後,於60分鐘內再度使用相同的交通工具可享一次免費,若是使用不同的交通工具,則可享有1~2元澳幣的折扣。

墨爾本Melbourne

澳洲的第二大城,交通工具的種類與雪梨相似,但是以電車(Tram)作為市區的主力交通,並分為一般電車及復古電車兩種,後者甚至有搭配導覽,適合初到墨爾本的人。

墨爾本與雪梨不同,無論你搭乘何種交通工具,一律以區(Zone)計費,所以同一段旅程中即便使用不同的交通工具,

↑墨爾本的35號百年復古電車，遊客可免費搭乘環　　↑墨爾本市中心，可看到地上都是電車軌跡
繞墨爾本市區，著名景點一網打盡

旅費都是相同的。墨爾本的市區目前共分成3區，其中的免費
電車區(Free Tram Zone)可讓旅客免費搭乘電車在該區內任意
移動，但僅限電車。

　　墨爾本的交通卡稱為Myki卡，和雪梨一樣分為4種卡別，只
是Myki卡本身並非免費，成人卡是6元澳幣，其他卡別則是3
元澳幣。購買Myki卡時共有3種計費方式可供選擇，分別為：

1. 普通票 (Myki Money)：儲值單位是金額，在限定區域內刷
　　一次可使用2小時，一天內最多扣款2次，適合搭乘次數不
　　多的人使用。

2. 任遊卡 (Myki Pass)：儲值單位以天或週計算，以需在一
　　區和二區內移動的旅客為例，儲值一週為46元澳幣，四
　　週以上每天為5.52元澳幣，適合時常搭乘大眾運輸工具
　　的旅客。值得注意的是，同一張Myki卡可選擇要儲值Myki
　　Money或Myki Pass，所以一開始儲值Myki Money的人，若
　　是日後發現自己搭乘次數變多，只要改為儲值Myki Pass即
　　可，不需購買新卡。

3. 觀光一日票(Myki Explorer)：與前面兩者不同，Myki
　　Explorer含卡片費用共需16元澳幣，除了可在一日內使用
　　一區到二區之間所有的交通工具之外，還可享有墨爾本許
　　多景點的折扣，非常適合觀光人士購買。

　　在墨爾本使用Myki卡時，有許多要注意的規則：

　　‧除了免費電車區內上下電車不需刷卡之外，在免費區外

↑MyTranslink App

↑Translink儲值機

搭乘電車，上車時要刷卡。

· 搭乘公車或火車的旅客，無論是哪個區，上下車都一律要刷卡。

卡片內餘額較多的人，建議上Myki官網註冊卡片，倘若卡片遺失了，還可以致電客服請他們寄有餘額的新卡給你。

布里斯本Brisbane

澳洲東岸的第三大城，和墨爾本一樣以區計費。北自陽光海岸，南至黃金海岸，總共分為8區，並統一由「Translink」這家公司運營。初到昆士蘭的人，可在手機上下載該應用程式：MyTranslink，便能查出抵達目的地所需的路線和需搭乘的交通工具。

昆士蘭的交通卡稱為Go Card，可用來搭乘火車、公車及渡輪，電車部分目前只在黃金海岸行駛，布里斯本地區的電車也正在興建中，預計從2024年開始運行。購買Go Card時，Translink會收取10元澳幣的押金，日後退卡時可一併退還。和雪梨類似的是，自每週一開始搭乘8次之後，接下來直到週日結束，無論搭車或渡輪都可享有半價優惠。在布里斯本搭乘大眾運輸工具，記得上下車(船)時都需要刷卡，否則會被以單程計價，而非使用Go Card的優惠價格，價差約30%。倘若真的忘記刷卡而被多扣款，也毋須擔心，可致電Translink公司解釋實際情況，客服人員會將多扣的金額返還至你的Go Card。

伯斯Perth

西澳第一大城，從市中心往外圍擴張共分為9區，票價也是以區計費。然而，西澳州長當選連任之後，他實現了競選時關於大眾運輸的承諾。因此，伯斯自2022年1月1日起，所有的大眾運輸乘坐都僅限於2區票價，也就是說，從第一區坐到第九區，只需4～5元澳幣左右的花費。

　在伯斯使用的交通卡稱為SmartRider，也像悠遊卡一樣是儲值卡，共分為普通票價(Standard Fares)、優惠票價(Concession Fares)及一日票(Day Rider)，一日票的費用為10元澳幣，使用伯斯的交通卡SmartRider搭乘大眾運輸工具，系統會自動設定每天最多10元澳幣的上限，是對荷包非常友善的設計。另外，還有一個也是花費10元澳幣的家庭票(FamilyRider)，最多可供7個乘客同時搭乘，乘客之間也無需具備血緣關係。但因為家庭票的使用情況特殊，必須單獨購買，無法與SmartRider共同搭配使用。初到伯斯人生地不熟時，建議使用伯斯交通的網站：Transperth或App來幫忙規畫路線。

　伯斯的交通和墨爾本一樣有免費區間(Free Transit Zone)，以火車來說，自西邊的西城站(City West Station)，到東邊的克萊斯布魯克(Claisebrook)和南邊的伊莉莎白碼頭(Elizabeth Quay Jetty)，這3點圍繞起來的區域內皆可免費搭乘火車，但要記得使用SmartRider。公車方面，可在伯斯市中心(Perth CBD)、費里曼圖(Fremantle)及君達樂(Joondalup)等地尋找貓公車的蹤影(Central Area Transit，簡稱CAT，所以稱為貓公車，傳說中宮崎駿的龍貓公車就是以伯斯的貓公車為發想起源)，這是免費提供的公車服務，並且不需要刷卡。除了貓公車之外，無論搭車或渡輪都需要在上下車(船)時感應你的SmartRider，否則下次搭乘時會被收取罰金。

　還有，免費的交通服務僅限於在免費區間內上車並下車的旅程，如果上車或下車的地點在免費區間外，則會被收取全程旅程的費用，並不會因中途行經免費區間而有所優惠。

＊以上所提的交通細節如有變動，請以各州交通提供者的網站公告為準

適應澳洲的 **右駕**

↑ 澳洲除非看到這個標示，不然都不可以迴轉

澳洲昆士蘭州的道路駕駛規則

澳洲和台灣相反，駕駛座在右側，在台灣時常開車的人來到澳洲後，會需要一段時間適應這個改變。

前面章節(P.51)提到，台灣駕照想轉澳洲駕照，可請澳洲翻譯協會筆譯人員將駕照正本翻譯成英文之後，帶著駕照正本和身分證明文件至各州的監理站辦理。當然，每個州的規定不同，需要直接轉換駕照的人可向自州的監理站詢問申請細節。另一方面，想在澳洲考取駕照的人，一般需通過「駕駛知識測驗」(Driving Knowledge Test，簡稱DKT)並累積一定的道路駕駛經驗，關於更多的細節，可向各州的駕駛訓練教室洽詢，這邊不做贅述。

直接轉換駕照雖然方便，卻也代表駕照持有者大多沒有考過駕駛知識測驗，在澳洲的駕駛規則上缺乏知識。為了避免在澳洲駕車時發生危險，建議大家練習各州的駕駛知識測驗，熟悉基本澳洲駕駛知識，如：永遠讓右手邊的車輛先行、駛出圓環(Runabout)時需打左轉燈及只有看到「允許迴轉」(U-turn Permitted)的招牌時才能迴轉等。

購買 **二手車**

在澳洲，幾乎家家戶戶都有車，汽車可說是在澳洲必備的代步工具。想要購買一輛汽車，除了可到汽車代理商購買新車之外，購買二手車也是在預算有限情況下的一種選擇。本章節將介紹一些二手車的購買管道及應注意的事項。

二手車購買管道

1.購車網站：專為汽車買賣設立的網站有很多，如：Drive、Carsales、Carsguide及Redbook等。Drive設有24小時的線上客服人員，其熱門的汽車評論專區可讓買家了解實際用戶的真實體驗，進而決定購買；Carsales網站提供FACTS+服務，可幫助買家查詢車輛的歷史資料，如：實際

行駛里程數、是否曾被盜竊及車貸是否已償還完畢等；而Carsguide及Redbook等網站也可幫助買家比較各種車款規格和市場行情。

2.**二手車經銷商：**每個城市都能找到許多二手車行，且二手車商會幫忙代辦許多事情，如：過戶、貸款等。向二手車行買車時，要記得確認保固(Warranty)的時間和保固範圍，並可請二手車行提供產權保證，證明該車輛沒有任何尚未償還的債務。在簽署購車合約前後，買家也可向二手車行索取該車輛的詳細資料、冷靜期條款與規定、法定保修的相關規定、確認訂金，和車輛過戶聲明等。

3.**私人購買途徑：**除了以上所述，也可透過其他途徑購買二手車，如：朋友介紹、臉書社團買賣及在膠樹網站購買。私人途徑購得的二手車因未由車商經手，儘管價格可能相對便宜、議價空間較高，但也少了經專業手續驗車後的保障，比較適合預算有限且對車子結構和維修有概念的人。

Drive網站

Carsales網站

買二手車需要考慮的事情

1. **私人財產登記(Personal Property Security Register，簡稱PPSR)：**可針對車牌進行汽車的歷史資料查證，費用依報告的詳細內容約20～30元澳幣不等。私人財產登記可查出該車輛是否為貸款車、報廢車或事故車，是在澳洲買車

◁布里斯本的二手車行，有各式各樣的二手車

前必做的報告。曾看過有人買了二手車之後，過了幾年遭銀行追繳前任車主未繳清的貸款，就是買車前沒做PPSR的結果。

2. **道路駕駛安全認證(Roadworthy Certificates，簡稱 RWC)：** 道路駕駛安全認證是關於車輛的安全檢查認證，需由政府機關核可的車行確認車輛情況後核發。

   透過私人途徑購買汽車時，道路駕駛安全認證就格外重要，且須由賣方提供。膠樹網站上時常有不具道路駕駛安全認證的汽車廣告，因此以低價出售，建議不要因為貪了一時的便宜而因小失大。

3. **維修：** 買車之後，油費和保養都是一筆不可小覷的費用。一般來說，小型車的保險費用、耗油量和保養費用都會比大車便宜。此外，購買大多數人都購買的品牌，未來要更換零件或維修時也會比小眾品牌省錢，而在澳洲最多人駕駛的品牌，就是豐田(Toyota)，但是其他亞洲品牌，像馬自達、現代等，近年來也頗受歡迎。

⇦PPSR網站

⇨澳洲的Toyota汽車，駕駛座與台灣相反

汽車保險

澳洲車險主要分為3類，分別是含在牌照稅中強制保障的第三強制責任險(Compulsory Third Party Insurance，又稱CTP)、車險全險(Comprehensive Cover)和第三保險(Third Party Property Damage)。

牌照稅內含的第三強制責任險，可在發生意外時幫忙理賠傷者的醫療，但不保障車子毀損的部分。車險部分，若購買較為便宜的第三保險，在發生事故時可以協助理賠對方的車，但保戶本身的車損則不受保障。如果車主本身只買了第三保險，但事故由對方造成，且對方又無購買任何保險的情況下，則不會獲得任何賠償。

因此，澳洲車主大多會購買全險，無論肇事者是自己或對方，甚至車子被盜竊或被水災淹沒，都可以獲得賠償。在申請理賠時，保險公司會要求支付保險理賠開通費 (Access)，超出保險理賠開通費的維修費用則由保險公司負擔。舉例來說，在購買全險時，倘若你選擇500元澳幣作為未來的保險理賠開通費，當車子維修需要花費1,500元澳幣的情況下，車主自己需先支付500元澳幣，剩下的費用再由保險公司支付。保險理賠開通費金額的多寡可以自由選擇，一般來說，保險理賠開通費金額越低，保費越高，反之亦然。

如果肇事者是對方，在申請理賠時，保戶亦需在提供證據給保險公司調查的同時，支付保險理賠開通費。 倘若保險公司調查結束後確認保戶本身並無過失責任，則會退還保險理賠開通費。

最後提醒大家，在購買車險時也可以加買道路救援(Roadside Assistance)，如果車子在路上突然拋錨或電池沒電，使用道路救援會比請拖吊車來處理便宜許多。

⇩車子不小心衝上安全島，造成交通堵塞，警察在現場指揮交通

如何在澳洲
建立人際圈？

E8

澳洲人
的**特質**

儘管許多澳洲人的祖先來自英國，大多數澳洲人的個性卻和英美國家的人極為不同，不像英國能明顯感受到皇室與平民之間階層的差別，也沒有美國的自命不凡。曾有人告訴我，澳洲人的個性介於英美之間，沒有英國內斂，卻又不似美國開放。澳洲人相對隨和且注重平等，這一點，從澳式英語和澳洲平等的夥伴關係(Mateship)可以看出。

前面章節提過澳式英語(P.44)，顯現出澳洲人追求方便與不拘小節的隨和特性，和人打招呼時，不需區分早上或下午，只

需一句Good day就能囊括所有情境；在和朋友道別時亦同，Have a good one就能祝對方早安、晚安甚至週末愉快了。

澳洲也沒有明顯的社會階層，無論在職場或生活中，一般都是直呼其名，或以簡短的暱稱稱呼彼此。前總理Scott Morrison甚至用大家替他取的暱稱ScoMo，替自己的臉書社團命名。走在路上，迎面而來的路人，大家稱呼Mate(朋友)。以前住在鄉下時，時常可見路人互相問好，大家互道Good day, Mate(朋友你好)，彷彿每個人都是熟悉的好友。

除了互相問好，澳洲人也習慣以How are you(你好嗎)的問句開啟一段對話，初到澳洲的我時常覺得澳洲人很客套，認為他們既然跟我素昧平生，為何要問我好不好呢？直到後來，我才發現這是他們的文化，而我們應該尊重並適應這個重視夥伴關係的澳洲文化。

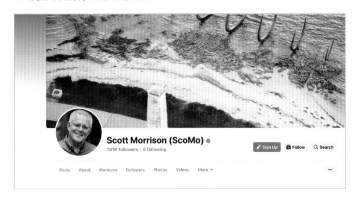

⇦前總理史考特莫里森的臉書社團，將民眾給他的暱稱ScoMo放在姓名欄

如何和澳洲人交朋友？

許多人成年後到澳洲留學或移民澳洲，都難免面臨社交圈狹隘的情況，一來是因為，少了熟悉的家人或好友的助力，獨自拓展交友圈相對困難，畢竟大多成年人都有自己的家庭要經營；二來是因為，隨著年紀越大，接觸的朋友數量便會開始減少，畢竟，學校是最容易結交朋友的地方。而對那些從未在澳洲上學就直接技術移民，或靠投資移民澳洲的人來說，就少了學校這個媒介建立交友圈。

↑「布里斯本現在夯什麼」網站

↑專為50歲以上人士舉辦的麻將活動(50 Plus: Mahjong)

但是,依然有許多方式可以拓展社交圈。有些人會從熟悉的母語環境開始,比如上台灣的臉書社團,參加一些台灣人舉辦的活動,駐布里斯本台北經濟文化辦事處也時常在網站上公告一些在各城市舉辦的活動,像是台灣糕餅節、台灣夜市等,十分熱鬧有趣。

除此之外,也可透過參加一些自己感興趣的社團,來結交志同道合的朋友。喜歡足球的人,可搜尋離家近的足球俱樂部,透過每週的團隊練習來認識朋友;布里斯本市政府的網站上也有一個「What's on in Brisbane」(布里斯本現在夯什麼)專區,可以找到布里斯本近期內將舉辦的各項活動,有趣的是他們定期會聚辦麻將遊戲(Mahjong),適合喜歡麻將的人參加。

↑澳洲家長假日帶小朋友踢足球

還有其他拓展交友圈的方式,如:選擇與人合租房屋而非獨居、參與義工活動,或是上當地的教會等,都可以幫助離鄉背井的你,在海外更快地建立新的社交圈。

生活上
遇到困難
怎麼辦?

—— 個人離鄉背井,隻身前往澳洲,難免會遇到許多情況。

有時候,因為環境的不同,在發生始料未及的困難時,過往的生活經驗可能無法協助處理解決。此時,尋求適當的協助就非常重要。

善用臉書社團得到協助

有些問題可以尋求周遭友人的協助，但現在網路發達，許多問題也可在網路上求得答案。比如說，臉書上有為各式各樣目的成立的社團，大家可加入預計前往城市的當地社團，了解該地的租金、工作機會甚至生活上的大小事等。

想在澳洲求職或想知道該選擇哪項專業以便在澳洲長遠發展的讀者，我個人推薦臉書的「澳洲職場人Australia Career Forum」社團。該社團的願景在於幫助所有來澳洲的華人獲得澳洲職場人脈，進一步在職涯上有所發展，無論是在求職找工作、想了解澳洲職場環境甚至是吸取前人的求職經驗等，都是十分有幫助的社團。

除了生活跟工作，在澳洲置產也是許多人重視的一環。我自己平時最愛使用臉書的「澳洲房市房產追蹤探討團」，該社團的成員包羅萬象，除了版主本身是專業的買家仲介，版上也有貸款仲介、房產開發商及過戶律師、會計師等等，可針對每個人對於在澳洲買賣房屋產生的不同問題給出建議與答案。

免費法律諮詢單位與相關辦事處

遇到法律相關的問題，也可求助各州免費的法律諮詢。昆士蘭的昆士蘭法律援助(Legal Aid Queensland，簡稱LAQ)，除了在網站上提供許多免費的法律資源之外，也會為財務狀況不佳的民眾提供電話或當面面談的諮詢，他們也能協助引薦至適合的律師或法律服務。

若遇到重大緊急事件，如車禍、重病等情況，也可聯繫駐雪梨或駐布里斯本台北經濟文化辦事處，請外交部協助處理。澳洲各地也設有台灣同鄉會，以布里斯本的同鄉會為例，他們會協助處理留學生間的矛盾或投資的糾紛排解，有興趣的人都可以聯絡台灣同鄉會並參與他們舉辦的活動。

⇧⇧ 澳洲職場人社團
⇧ 位於布里斯本南區桑尼班克的昆士蘭台灣中心

澳洲的學校制度

澳洲學制及就學貸款

澳洲的教育制度由各州政府自行管理，每州略有不同，以昆士蘭州為例，國民義務教育約從5歲起至16歲，分為初等教育(幼稚園和小學)、中學(國中和高中)和高等教育(大學和職業學校)。在完成1年學前教育(幼稚園)、6年小學和6年中學的課程後(其他州有的為7+6年)，12年級(Year 12)的中學生會參加高中畢業考試及校外測試，再依考試成績及在校時的課業表現來申請高等教育。和台灣類似，有些人會選擇進入技職學校(Vocational education and training，簡稱VET)，之後

直接就業或繼續深造；有些人可能選擇大學，開始攻讀學士學位。

10年級(Year 10)是學生開始探索興趣的時段。以昆士蘭為例，學校會鼓勵10年級的學生參與高等教育和訓練(Senior Education and Training，簡稱SET)以及就業博覽會，在發現學生感興趣的領域時，便要在中學剩下的兩年間開始選修大學要求該領域的入學科目。以昆士蘭大學農業經營(Agribusiness)的學士學位為例，想入學的12年級生必須學習英語及數學等科目，並達到基本的成績門檻，才能入學。

由於各州學制不同，如需更多詳請請上各州教育局網站(Department of Education)查詢。

透過TAFE有機會轉跳大學

TAFE技職學校，是澳洲最知名的技職學校。學生除了可在TAFE學習一技之長之外，無法在高中達到大學入學門檻的學生，也可利用TAFE作為進入理想科系的跳板。TAFE的文憑約等同於大一或大二的學歷，曾聽聞有人因高中成績不夠理想，無法進入大學的醫學相關科系就讀，便先前往TAFE就讀

⇧昆士蘭高中提供給10年級生可選擇的科目，為學生未來想發展的領域做準備
出處：羅奇代爾州立高中(Rochedale State High School)

並保持優秀成績，之後成功進入大學的理想科系，這個做法稱為大學預科(University Pathways)。

澳洲的就學貸款機制

　　費用方面，TAFE一般比大學便宜，也能申請政府補助。在技職學校就讀文憑和高級文憑(diploma and advanced diplomas)的學生可以申請高等職業教育助學貸款(VET FEE-HELP)，學生可以等到日後出社會賺得足夠收入時再開始償還；身為澳洲公民的大學生則可申請大學助學貸款(HECS-HELP或FEE-HELP)，同樣也是等到學生就業後賺取足夠收入才需要償還。足夠收入的界線每年會改變，以2022-2023財政年的規定來說，學生每年的應稅收入需達到48,361元澳幣，才需要開始償還助學貸款，償還金額從應稅收入的1%～10%不等。管理償還助學貸款的機構，是澳洲的國稅局。因此，國稅局每年會在助學貸款學生進行報稅時，將應償還的助學貸款加諸於應繳所得稅之上。

　　基於前面章節中(P.70)薪資預扣稅的概念，建議有助學貸款的學生，在繳交稅號申明表給雇主時，在第十一欄的a項勾選Yes(請參考P.69的澳洲稅號申明表範本)，雇主才會在發薪時額外扣除薪資預扣稅，以便未來報稅時支付助學貸款。如果繳交助學貸款會造成財務上的困難，也可以聯絡澳洲國稅局並延遲繳交。

⇨Sunnybank Hills State High School校園一角

澳洲就學貸款償還百分比

2023財政年助學貸款者須償還的收入級距 (2022-2023 Repayment threshold)	償還百分比 (Repayment % rate)
$48,361以下	Nil
$48,361 - $55,836	1.00%
$55,837 - $59,186	2.00%
$59,187 - $62,738	2.50%
$62,739 - $66,502	3.00%
$66,503 - $70,492	3.50%
$70,493 - $74,722	4.00%
$74,723 - $79,206	4.50%
$79,207 - $83,958	5.00%
$83,959 - $88,996	5.50%
$88,997 - $94,336	6.00%
$94,337 - $99,996	6.50%
$99,997 - $105,996	7.00%
$105,997 - $112,355	7.50%
$112,356 - $119,097	8.00%
$119,098 - $126,243	8.50%
$126,244 - $133,818	9.00%
$133,819 - $141,847	9.50%
$141,848 及以上	10.00%

出處：國稅局網站：https://reurl.cc/zARvn6　　　　　　　　　　　　幣別：澳幣

　　提到國稅局，這裡分享一個抵稅的概念。在教育費用和工作收入有高度相關，甚或是能幫助加薪的情況下，該教育費用可以用來抵稅；但該費用如果僅是幫助自己得到目前的工作職位，則無法抵稅。舉例來說，會計學士畢業的學生在得到會計工作後，一邊工作一邊進修會計碩士學位，該碩士費用可以抵稅；若該學生結束碩士課程後，才找到會計工作並開始賺取收入，則該碩士學費不可以抵稅。所以，大學生的就學貸款(HECS-HELP)通常不能抵稅，但碩士生的就學貸款(FEE-HELP)，若是跟收入有緊密相關則可以抵稅。

　　最後，澳洲的學校有公私立之分。對於家中有中小學學童的家庭，可選擇在優秀學區內租房或買房，能獲得更多機會進入優秀的公立學校就讀，有需要的人可以多多利用。

查學區地圖網站

澳洲人的休閒育樂

感受澳洲人輕鬆休閒的生活方式

澳洲東南沿海一帶是大多數澳洲人選擇居住的地方，人口稠密，但澳洲政府在規畫城市發展時，仍會保留許多綠地或公園供民眾休憩。不似台灣或亞洲，雪梨作為擁有500多萬人口的澳洲第一大都會區，至今仍是每隔一段距離就有一個公園。

澳洲人非常熱愛戶外活動，雖然許多人也會選擇在週末時去百貨公司消磨時間，但更多人會在週末結伴出遊。自家附近的公園，是遛小孩的好地方。許多人會結伴到公園烤肉野

↑之前去雪梨旅遊時，在市中心發現的諾大公　↑澳洲公園的烤肉台類似於電磁爐的設計
園，印象中應該是海德公園

餐，因此烤肉台是澳洲每個公園的標準配備之一。家家戶戶也幾乎具備一台烤肉設備，親朋好友來訪時，大家便在家中後院燒烤喝酒，非常愜意。

　　澳洲人也喜歡喝酒，有些酒吧甚至會設立在河畔邊，讓客人放鬆喝酒之際也能享受美景。飲酒文化在澳洲是根深柢固的文化，無論你身處何地，從大城市到鄉村小鎮，都能找到澳洲傳統的酒館Hotel 或Tavern。大家會在工作後在酒館小酌，有時打打撞球，或參與酒館舉辦的遊戲，算是另一種聯繫情誼的好地方。

運動、觀看體育賽事，是澳洲人的日常

　　除了喝酒之外，澳洲人也非常熱愛運動和觀看大型體育賽事。多虧於澳洲得天獨厚的氣候環境，許多澳洲人的休閒方式是從事某項運動，如：足球、板球(cricket)和橄欖球。每年橄欖球聯賽State of Origin(起源州系列賽)舉辦時，體育館總是座無虛席，擠得水泄不通。有盛大賽事舉辦時，許多人也會聚集在酒館或運動酒吧，邊喝酒邊觀看比賽，比如一年一度的澳洲全國賽馬墨爾本盃(Melbourne Cup)，就會讓許多公司行號停止辦公，全公司聚集在酒吧或電視機前觀賽。

　　另外，海灘在澳洲人的生活中也占有非常重要的地位。

⇧⇧西澳珊瑚灣(Coral Bay)的一個住宿地點的招牌,有小木屋、房車營地和露營地可供選擇
⇧在伯斯的國王公園從高處俯瞰城市,可看到澳洲人平日穿著休閒,短褲夾角拖或背心,不會特地盛裝打扮

雪梨的邦地海灘(Bondi Beach) 、新南威爾斯和昆士蘭州交界的拜倫灣(Byron Bay)甚至黃金海岸的衝浪者天堂(Surfers Paradise),都是澳洲人夏日的必訪之地。大家會去海邊做日光浴、衝浪或游泳,盡情享受水上活動。澳洲許多人的家中也會購置船或快艇(Jet Ski),以便其放假時能前往河邊或海邊釣魚。除此之外,去海邊釣魚、抓螃蟹、挖生蠔,這些都是以前我在台灣不曾有過的體驗。

海邊、露營、戶外大自然都是澳洲人最愛

放長假時,澳洲人也鮮少待在家,多數會規畫國內或公路旅行。許多人喜歡去森林公園露營,或是開房車探索澳洲內陸平常較少造訪的景點。澳洲各地因此有許多房車營地(Caravan Park),提供水、電及洗澡的地方給開房車旅行的人,他們有些也會附設一般的小木屋,供沒有房車但旅途中經過的旅客,有個住宿休息的地方。

或許是澳洲的自然環境使然,或者澳洲人喜愛無拘無束的自由,時常可在大街上或超市內發現赤腳走來走去的澳洲人。和亞洲外出時注重儀容打扮不同,在澳洲,除非有特地註明穿著要求(Dress Code),不然任何場合都對衣著沒有特別的嚴格要求,即使穿著夾腳拖鞋和短褲去百貨公司逛街吃飯,也絲毫不會跟旁人格格不入。

澳洲人對度假屋也是情有獨鍾,許多人夢想在山中或海邊購置一個度假屋,放假時可以用來消磨時光。因此,儘管陽光海岸的努沙(Noosa)和拜倫灣等地並不鄰近市區,房價依然十分昂貴。拜倫灣的房價中位數目前約在300萬元澳幣,而努沙也至少需花費200萬元澳幣左右。

有人說,澳洲人輕鬆休閒的態度,除了宜人的氣候環境助使之外,也來自於他們重視平等的夥伴關係(Mateship)。這裡沒有階級,重視悠閒與放鬆,若是你來自一個競競業業的環境,或許可以試著調整腳步,細細品味澳洲大自然帶給你的美與感動。

澳洲治安

數據庫網站NUMBEO在2022年年中的統計資料顯示，全球142個國家，澳洲的犯罪指數和安全指數約居中間排名，不好也不壞。然而，澳洲境內各區的治安又有不同，不能一言以蔽之。根據統計，首都坎培拉在澳洲17大城市之中，安全指數最高，而最不安全的地方則為澳洲內陸的艾麗絲泉。

以下將提供澳洲4大城查詢治安的網站。

4大城市的治安查詢網站

有兩個網站可用來查詢雪梨的治安，分別為「新南威爾斯州犯罪統計和研究局之犯罪地圖」(Crime Maps | BOSCAR)和「雪梨郊區總覽」(Sydney Suburb Review)。新州的犯罪地圖網站使用了顏色深淺來表示犯罪率，使用者可輸入想查詢的郊區名稱或郵遞區號，和特別在意的犯罪類型，便可得出結果。整體來說，顏色越深則犯罪比率越高。

根據「雪梨郊區總覽」在2020年7月公布的：「你最該避免居住的雪梨郊區」文章中，最危險的郊區為特雷基亞(Tregear)。由於該區有政府提供的大量公共住宅，加以不完善的公共建設和較高的失業率，導致該區在各種犯罪類型上都占有較高的比率。

在雪梨最熱門的華人居住地中，好市圍(Hurstville)和黑鎮(Blacktown)則是治安稍微堪憂的郊區。黑鎮大多數的人口來自於海外移民，像是雪梨的小聯合國，但在這裡也容易找到各國的特色產品和美食；至於有「小香港」之稱的好市圍，遍地華人商店林立，英語不好也不會對生活產生影響，但作為華人長年來移民的首選，儘管生活便利，卻稍嫌龍蛇混雜。

華人區治安較好的，應是車士活(Chatswood)，是一個華人

⇧位於雪梨的復古火車站

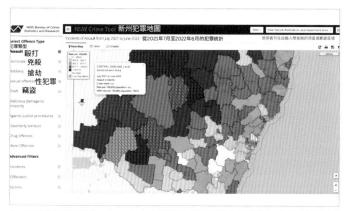

新南威爾斯州犯罪統計
和研究局之
犯罪地圖網站

雪梨郊區總覽

↑新州犯罪地圖網站一覽，先在左邊點選想了解的犯罪類別，顏色越深犯罪
比率則越高

比例高但收入也最高的郊區。不但同時具備了購物、商務及居住等多方面機能，還座落於頂級學區內，導致房價高昂，並非一般家庭可以負擔。

維多利亞州──墨爾本

維多利亞州政府提供了類似新州的犯罪地圖，但是以警察管轄區域或地方政府領域做劃分，同樣是顏色越深則犯罪比率越高。根據犯罪統計局的圖表顯示，墨爾本市區和東南方的樂卓博(Latrobe)犯罪行為都較其他區域來的猖獗，有意願前往墨爾本旅遊或居住的人，可利用維州犯罪統計局的網站，對即將前往的地方稍作調查。

墨爾本排名第一的高端富人區突瑞克(Toorak)所隸屬的史多尼頓市(Stonnington)，臨近亞拉河，無論是學區、環境、大眾運輸和生活機能都十分優秀。雖然座落在治安較差的亞拉市旁，突瑞克卻被評為墨爾本最安全的區域之一。

至於墨爾本東面的富人區布倫達拉市(Boroondara)和與其臨近且深受華人喜愛的博士山(Box Hill)也相對安全，加上許多完善的配套措施，成為不少人在購屋時的首選。

↑墨爾本著名的塗鴉街，雖稍嫌混雜但同時也充滿藝術感

⇨墨爾本的塗鴉街

西澳──伯斯

　　伯斯犯罪地圖網，是一個多功能的犯罪數據顯示網站。使用者只需輸入欲查詢的郊區，該網站便能顯示過去12個月內不同類型犯罪的發生次數、該郊區的安全係數，甚至還能提供最安全及最危險郊區的排名。

　　根據伯斯犯罪地圖網的排名，沿海富人區的達爾基斯(Dalkeith)最為安全，但房價中位數約為300萬澳幣，非一般人可負擔的起。至於知名的華人聚集地坎寧維爾(Canning Vale)和戴安內拉(Dianella)等，治安也都不錯。然而，市區北橋的唐人街治安頗差，若是獨自在西澳旅行且住伯斯市中心的話，建議晚上盡量不要在北橋附近逗留。

　　除了伯斯犯罪地圖網，西澳的警察機構也架設了犯罪統計網站，有需要的人可多多利用這方面的網站查詢。

昆士蘭州──布里斯本

　　昆士蘭警方的線上犯罪地圖網，是一個在查詢布里斯本地區的治安時非常好用的工具。只要輸入想查詢的地區或郵遞區號，並透過過濾功能選擇預查詢時間，就能出現該時間段內所發生的犯罪類型及次數。

　　關於布里斯本最危險的區域，每個人幾乎都有不同的見解，最廣為人知的，應是靠近市區的中國城──毅力谷

⇧布里斯本的中國城：毅力谷

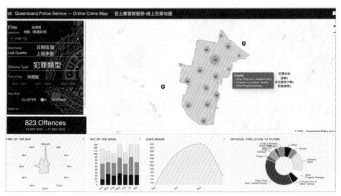

⇧布里斯本Sunnybank於過去3個月內的犯罪地圖資料顯示結果

維州的犯罪統計網站，也可使用犯罪地圖

西澳伯斯的犯罪統計網站

西澳警察的犯罪統計網站

昆士蘭警察的犯罪統計網站

Youtube：澳洲4大城治安良好的區域

(Fortitude Valley)、早期的越南人群聚區——以那拉(Inala)和澳洲人心中一致認同的伍德里奇(Woodridge)。

毅力谷由於發展較早，現今許多建築較為老舊，加上夜店和聲色場所林立，導致販毒、打架滋事及竊盜等情況層出不窮，建議大家深夜時不要在該處徘徊。

以那拉有許多來自非洲、越南和菲律賓的居民，加上社會住宅的存在，早期據說犯罪率頗高。然而，隨著移民後代在當地的成長，以那拉的犯罪率也逐漸下降。

和以那拉一樣惡名昭彰的伍德里奇，由於社會住宅和當地居民收入較低的緣故，至今犯罪率仍高於其他郊區。但是，其相對低廉的房價和方便的生活機能，卻使得伍德里奇在這波疫情房價大漲期間，吸引了不少自住客前往購屋。可能有朝一日，居民素質逐漸改善，伍德里奇也能擺脫布里斯本最危險郊區的惡名。

至於華人非常喜愛的桑尼班克、桑尼班克山(Sunnybank Hills)和朗科恩(Runcorn)，則是因為居民較為富裕的關係，引起宵小的關注，而有較多闖空門的案例發生。

其實，住在好的郊區也有可能遇到犯罪，住在名聲較差的郊區也可能一直住的平安順遂。無論居住的地點為何，家裡做好防盜措施、安裝保全系統，出門在外小心周遭的可疑人士，才是最重要的。

在澳洲省錢小撇步

E12

貨比三家不吃虧

當年我剛到澳洲，以為殺價是在台灣或東南亞才能做的事，於是在澳洲買東西時都不敢殺價，白白浪費了許多金錢。其實，澳洲許多店家都能做價格匹配(Price Match)，尤其像電器產品的龍頭JB HiFi、Harvey Norman等，都能做到價格匹配或買貴退差價。文具連鎖店Officeworks更是提供了價格擊敗保證(Price Beat Guarantee)，只要消費者能找到更低的價格，不只價格匹配，還能提供額外5%的折扣。

價格匹配這個行銷方式，在購買電器產品，如：電腦、電視等高價產品時，顯得格外地優惠。倘若搭配接下來會提到的信用卡和商店促銷使用，更能省下一大筆金錢。

⇧因為使用價格匹配，我們只花74元澳幣就買到99元的商品

電費和房貸利率好比台灣電信資費，要多比較

除了價格匹配之外，在電力公司或房貸產品的選擇上也能貨比三家。澳洲有許多民營的電力公司，他們在各州都有不同的費率和優惠活動。為了贏得客戶的合約，增加市占率，電力公司都會給予新客戶更優惠的費率和新客紅利金。假如你發現自己的電費太高了，不妨上網多比較幾家，無論是轉換到新的電力公司，或是拿著別家電力公司較優惠的費率和現有的電力公司協商，都能為荷包省下不少銀子。

至於大部分家庭最大的支出：房貸利息，也是可以討價還價的。澳洲的房貸利率分為兩種，分別是「一至五年期的固定利率」和「變動利率」。由於房貸合約簽訂的日期不一，同一家銀行提供給使用變動利率的房貸客戶的利率並不會相同。舉例來說，假如某人目前的變動利率是3%，經過銀行多次升息之後，假設總共升息了2%，那該客戶的房貸變動利率便會來到5%。但是，該銀行可能同時正提供新房貸客戶4%的變動利率。在這情況下，建議直接撥電找該行的房貸客服協商利率，一般都能拿到折扣。

善用
信用卡

「謹慎理財、信用至上」。只要能按時繳納所有的卡費，不使用循環利息，信用卡在澳洲絕對是一個絕佳的支付工具。澳洲的信用卡會提供各式各樣的促銷活動，而在哩程、現金回饋和禮卡之間，我最喜愛選擇點數哩程。舉例來說，許多信用卡公司會提供澳洲航空(Qantas)的哩程給新卡客戶作為開卡禮，一般為7、8萬點不等，而雪梨到夏威夷的「單程」經濟艙只需31500點加208元澳幣的稅金，意即

↑ 我最喜歡使用的信用卡
就是美國運通

↑ 澳航網頁顯示從雪梨到夏威夷哩程機票所需的點數和稅金

申辦一張信用卡加上416元澳幣(約8,000元台幣)，便能得到雪梨到夏威夷的單人「來回」機票。

　　我也利用這種方式，將各種家庭支出轉換為哩程，成功讓家人搭乘商務艙旅行。除了哩程之外，信用卡公司也時常與不同品牌合作，推出在某品牌消費滿XX就現金回饋XX的優惠。每當有需要購買品牌商品時，我都會先研究一下目前是否有任何的促銷活動，才進行購買。如果說，信用卡是我在澳洲最愛的支付工具，真的一點也不為過。

善用促銷和現金回饋網站

Youtube：
住澳洲如何省錢？
我的澳洲生活省錢小妙招

在澳洲的日常生活中，時常可見各式各樣的促銷活動。比如，加入超市會員，有時便可收到郵件，通知前往領取免費商品。澳洲的超市也會販賣各式各樣的禮卡，有些禮卡可用在JB HiFi這類的電器商店，每當這類禮卡進行9折或85折的促銷時，便會吸引大量的人群前往購買。

　　假設某款新的iPhone目前在JB HiFi售價1,000元澳幣，同類競爭者開價900元澳幣，透過購買9折的禮卡和價格匹配制度，消費者最終便能以810元澳幣的價格在JB HiFi購買到，這還不包括某些信用卡可能提供給新客戶的現金回饋開卡禮。提到現金回饋，澳洲也有各式各樣的返現網站，我最常使用的是「現金回饋」(cashrewards)這個網站，只要透過cashrewards連結到需要購買的品牌網址，便能在網路購物下單的同時領取現金回饋。

避免**不必要**的商品服務稅

澳洲生活中，房屋修繕算是每個家庭有可能面臨到最大的支出，動輒上千甚至上萬的澳幣不等。廠商開立發票時，假如在已提供的服務上外加了10%的商品服務稅(GST)，收到發票的同時切記要上網確認該廠商是否確實已註冊商品服務稅，而非不疑有他地支付。

⇧ 超市正在進行禮卡的9折促銷，禮卡上所有的圖示就是能使用的品牌

舉例來說，假設修繕屋頂需花費1萬澳幣，但發票上收取了1萬1千澳幣，這額外的10%則是商品服務稅。但是，前面章節(P.72)提過，只有已經向國稅局註冊了商品服務稅的廠商，才有資格額外收取10%的商品服務稅。我平時替客人處理會計帳務時，時常發現，有些從未申請商品服務稅的廠商，卻向我們的客戶收取了商品服務稅。因此，細心查帳的我們可替客人討回這筆本不該被收取的費用。

由於房屋修繕本身金額龐大，即使只是修繕金額的10%也會是一筆不可小覷的數目，建議大家要善加使用ABN查詢網站(請參考P.73 QR Code)，以免支付了不必要的商品服務稅。

低收入戶健康卡

前面介紹了幾樣在澳洲生活可省錢的小祕訣，接下來介紹低收入戶健康卡(Low Income Health Care Card)，適合使用的人群不像上述那樣廣泛，僅局限於收入較低的人群。

前面章節(P.92)提到失業，無論你正在領取澳洲社會福利中心 (Centrelink)的求職補助金，或是因伴侶收入過高而無法領取求職補助金，都可以試著申請低收入戶健康卡。持有這張健康卡，除了可享有較低廉的看診、牙醫或救護車費用之外，還可向所住地的政府申請多項補貼，如：電費與瓦斯費用、地稅和水費、汽車牌照稅及享有折扣後的大眾交通運輸等。若讀者本身有這方面的需要，倒也不無小補。

我 移 居

退休後回台灣，還能領取澳洲的退休金和養老金嗎？身邊的人正在勸你不要移民澳洲，回台發展嗎？來看看我的經歷及退休後的計畫吧！

澳洲的心得

Chapter

stralia

is Better?

澳洲好還是台灣好

每個人人生經歷不同，在意的事情也不同。反對移民者通常覺得，移民需要放棄先前在國內累積的成就，重頭開始；在雙親年邁且無法一同移民的情況下，獨自移民意味著無法及時盡到孝道，有悖傳統儒家孝道思想。

以下這個章節，純粹從我個人觀點和經驗出發，對我最好的選擇不一定適合你，但希望能對正在考慮移民的你提供些許幫助。

人口密度及
房貸負擔性

⇧由於澳洲政府給予多項補助，近年來許多人會興建自住房，澳洲的住宅大多是木造結構

澳洲國土總面積約768萬平方公里，約為台灣面積的213倍，但是，澳洲的人口卻和台灣差不多，約2,500萬人。大多數的人口聚集在東岸，城市與城市之間需要靠搭乘飛機來移動，而不像台灣從北到南開車只需4～5小時。以兩國最繁華的城市來做比較，2022年台北市的平均人口密度為每平方公里9,067人，但是根據2021年澳洲人口普查的數據顯示，雪梨的平均人口密度為每平方公里2,037人，約為台北的四分之一不到。

> 澳洲房價低，房子空間相對大；台灣反之

澳洲的平均房價遠低於台灣，雪梨別墅的房價中位數為155萬澳幣，約為3,100萬台幣，但同樣的價格只能在台北市買到公寓大樓內的一層小屋。在排除其他考量因素的前提下，在澳洲的生活顯然是較舒適的，因為同樣的價格可以換來更大的生活空間。對於不排斥偏遠地區的人來說，4、500萬台幣也能買到澳洲郊區帶地的別墅，愜意地享受田野生活。

數據庫網站NUMBEO在2022年年中的統計資料顯示，澳洲的平均房價為國民年收的5.6倍，但台灣的房價卻高達國民年收的19.73倍。很明顯地，台灣的經濟活力和人均GDP並無法合理化如此高的房價所得比，近年來媒體話題總是繞著台灣的高房價和無法置產的年輕族群打轉，民間怨聲載道，年輕人在台灣想買房彷彿已成為遙不可及的夢。

但若只是單純比較房價所得比，也不甚公平。澳洲的稅收較高，可抵稅項目也不像台灣廣泛，比如說：台灣報稅人可列舉房屋租金申報抵稅，也可列報撫養直系尊親屬來抵稅，但澳洲的抵稅額僅限於和應稅收入有直接相關的項目。因此，在澳洲看似高薪的族群，其實稅後收入也不一定比台灣的高薪產業高出多少。除此之外，澳洲房貸利率也較高，以2022年12月為例，台灣的房貸利率約為年利率2.0%上下，而

澳洲的浮動利率則在年利率5.0%左右，約為台灣的兩倍。

以人口密度和房貸負擔性來說，你覺得澳洲好還是台灣好呢？以我個人來說，儘管澳洲的房貸利率和稅收比台灣高出許多，但至少我在澳洲能透過努力買到屬於自己的家，這是我在台灣時做夢也想不到的事情！

學習 與就業

身為一個只在澳洲唸過研究所和工作生活的人，我只能粗淺地表達我對澳洲不同於台灣教育的看法。每個人的求學經歷不同，以下是我分別在台灣和澳洲商學院學習的體驗，純屬個人分享，不能代表所有的人。

大學就讀企業管理系，免不了要學習商事法，猶記當年我們每人拿著一小本充斥著法條的教科書，考試前夕背著看不懂的條文，只求低空飛過。不只商事法，行銷、統計、微積分，腦海中背著一大堆的課文和公式，考過就忘。

在選擇唸會計研究所之前，我心中其實是恐懼的。畢竟大學的商事法都低空飛過了，面對滿是英文的法律條文豈不更糟？要是被當了沒有錢重修該怎麼辦？

本來擔心的科目，到澳洲後反而獲得高分

但，結果超乎預期，我不但以超高的成績修完所有該修的法律科目，甚至許多法條至今仍記憶猶新。兩者差別在於，在澳洲學習法律科目時，課程會給予不同的情況，要求學生

⇨澳洲某學院的開課課程講座，在席都是準備報名的學生

撰寫許多報告，在反覆運用法條的情況下，自然而然就能記憶更多的法條。除了法律之外，許多要背誦的公式、理論，考試時都能開卷參考。學生只需要熟悉知識本身，並加以運用，而不需要死記在腦海中。

　　此外，澳洲的就業市場很重視相關學經歷，幾乎所有的工作都需要有該領域的執照，如：建築相關需有白卡(White Card)、經手酒精飲料的服務生需持有酒精服務負責證照等。經驗告訴我，相對於澳洲雇主，台灣雇主更能接受應徵者的學歷與職缺不符，或更願意培訓毫無經驗的新人。反觀澳洲，大多數畢業生的職缺會聘請有相關工作經驗的新鮮人，也因此許多澳洲學生會在學校寒暑假時，應徵各大企業的寒暑期實習項目，以求畢業後在求職路上更為順遂。而這點，正是台灣學生所缺乏的。或許因為家中有足夠的財務支持，又或許因為文化差異，許多台灣或亞洲學生在澳洲寒暑假時，會將時間花費在旅行或玩樂上，而未拿去累積實習工作經驗，以至於在學校畢業之後，屢屢在求職途上碰壁，而這些，對於畢業後可能需靠找到工作以累積工作經驗，來加分並技術移民的學生們，往往成為無法挽回的悔恨。

⇩在艾爾高速公路行經澳洲的中繼點：KIMBA

台澳交通
大不同

　　台灣南北縱長394公里，民眾使用的交通運輸工具也五花八門，有汽機車、火車、客運、飛機、高鐵和捷運。從前在台灣時，時常需要搭乘客運從台北返回台南的家，光想到需費時4小時便感到頭疼，沒想到，4小時到了澳洲後，卻變成稀鬆平常的事。

　　澳洲東西長3,782公里，南北寬3,134公里，面積大出台灣許多，使用的交通運輸工具卻不似台灣多元，主要依賴汽車、火車、客運和飛機，近年來有些城市也開始建造捷運，生活有日趨方便的趨勢。

　　曾經，妹妹和我由西澳開車至東澳，花了約一週的時間，中途遍是荒漠景色，渺無人煙，艾爾高速公路(Eyre Highway)也因此有了「寂寞公路」之稱。但是，這麼大的國土，為何

不像歐洲一樣蓋高速列車？

　　澳洲自1901年組成聯邦以來，各州便享有其獨立決策權，澳洲各屆的聯邦政府也不斷在評估建造高速列車的可能性。然而，由於澳洲人口集中在沿海地區，內陸地區人煙稀少，建造高速列車的高昂成本無法合理化其帶來的便利性。加上政府須考慮國債及選民感受，是否在東岸地區建造高速列車的法案，一直從1980年拖延至今，遲遲未有行動。

　　終於，聯邦政府通過了「2022年高速鐵路管理法案」，將斥資5億澳幣，建造雪梨到紐卡斯爾(Newcastle)區間的高速鐵路網，並逐步連結布里斯本、雪梨、坎培拉、墨爾本和鄰近的偏遠地區城市，促進東岸旅行的便利和經濟發展。

　　總而言之，倘若你在台灣習慣了搭乘大眾交通運輸工具，且尚不會開車的話，建議可以開始學習開車囉！

旅行與生活

你喜歡旅行嗎？

一直以來，我都喜歡到各處旅行，尤其是海外旅遊！甚至為了能更常出國，而應徵了國外業務的職缺。

　　但是，由於我個人從小養成的錯誤消費習慣，導致我無法實現經常出國旅行的夢想。當年，我每月的薪資約為台幣3萬左右，住在家裡雖不用支付生活費，但車貸、信用卡費，甚至一連串的網路購物，使得我每月月初一發薪就所剩無幾，是個不折不扣的月光族。再加上台灣勞基法規定，勞工需在同一雇主或事業單位下工作滿一定期間，才得享有特休假，讓當時經常性轉換工作的我幾乎沒有任何的特休。

　　來到澳洲之後，一開始是勞動力換來的報酬收入有了明顯的增長，加上打工度假簽者多半從事臨時性工作，更多的收入和時間，讓我能夠利用下班時間到澳洲各處公路旅行，探索不同地方的美麗景色。

　　後來打工度假簽證到期，我毅然決然地選擇在澳洲求學、就業，在經過一連串的求職挫折之後，很幸運地找到了穩定的

工作，並考取澳洲會計師執照。還不錯的薪酬待遇，加上每年四、五週的年假，總算讓我實現了能經常出國旅行的夢想。

　　還有一個在澳洲較有趣的現象是，澳洲的國內旅行可能比起去東南亞的海外旅行花費更多。於是，泰國和峇里島等地，變成了一般澳洲老百姓的後花園。疫情開始之前，總是能在峇里島路上遇到許多澳洲人，有些人甚至因為太過喜愛峇里島，而直接搬到當地居住。除此之外，澳洲的捷星航空先前也常推出澳洲到日本回程機票免費的促銷，所以當時我們幾乎每年都會造訪日本一次。

　　除了旅行之外，到了澳洲後的我也極少加班，儘管這邊也有所謂的工作狂，但我遇到的主管們都會尊重我們下班後的時間。再急的事，就等上班時間再解決。

　　所以，即便澳洲位於南半球，距離各大洲的旅途時間都相較台灣為遠，但是我更喜歡澳洲重視工作與生活平衡的理念，還有這裡的特休制度。

⇦峇里島就像澳洲的後花園，是許多澳洲人每年度假的必訪勝地

⇦利用捷星航空回程機票的促銷，我和先生及妹妹一起到日本的合掌村遊玩

退休後的規畫

朋友時常覺得，既然我們都待在澳洲這麼久了，是否退休後也會繼續留在澳洲呢？我不確定未來的想法，但至少現在的答案是否定的。這個章節，我會介紹澳洲幾個適合退休的城市，及自己將來退休後的規畫。

全球最佳
退休地，
澳洲有三
城市上榜

美國富比士網站(Forbes)於2019年底刊登一篇文章「2020年全球最佳退休地」(The Best Places To Retire Abroad in 2020)，文中選出25個國家，65個城市，其中澳洲被選為最佳退休城市的有阿德雷德、布里斯本和陽光海岸。

這三個城市之所以被選為最佳退休城市，主要由於溫暖乾燥的氣候、穩定的政經環境、價格合理的醫療及生活成本。

阿德雷德，南澳首都，時常被稱為小型的墨爾本，曾被經濟學人雜誌評為全球第三名最適合居住的城市。它擁有豐富的咖啡文化和藝術氣息，交通也不似東岸幾個大城市擁擠。除此之外，它還靠海並鄰近許多知名的葡萄酒莊園，為當地生活更多添一份愜意。

阿德雷德的周遭環境也很適合喜愛戶外活動的人從事露營或房車旅行，無論是去附近的弗林德山脈探索大自然，或者去附近的袋鼠島，飽覽海灣美景、捕龍蝦，或觀賞海豹海獅，都樂趣無窮。

布里斯本和陽光海岸，皆位於澳洲的昆士蘭州，大部分來此退休的人，追求的是昆士蘭陽光明媚的好天氣。畢竟，長年的日照比起寒冷的墨爾本，也對老年人的健康更友善。

昆士蘭擁有大片的海灘和綠地，可讓退休人士盡情享受休閒活動，加上國際機場、大學醫學院附設醫院、輕軌、體育館，甚至較雪梨及墨爾本便宜的房價等，都讓布里斯本成為退休人士心中首選的名單之一。

⇧近黃金海岸的山鎮：坦柏林山(Tamborine Mountain)，也很適合退休生活

儲備
退休
所需資金

根據澳洲退休基金協會於2022年報告顯示，想在退休後過舒適的生活，一對夫妻在沒有房貸壓力的情況下，每年需花費約6萬7千元澳幣，而單身者一年則需要4萬7千澳幣左右的資金。若是預計60歲時退休，則退休金帳戶內的資產需是年花費的15倍，意即年支出5萬元澳幣的情況下，退休金帳戶內需有75萬元澳幣的資產才行，相當於1,500萬元台幣。

前面章節(見P.75)提到，澳洲政府目前預計將雇主提撥退休金比例，逐步提升至12%。假設某人年薪是10萬元澳幣，每年雇主提撥12%，也就是12,000元澳幣的退休金，在不做任何投資的前提下，想在67歲退休年齡前要存到75萬元澳幣的退休金幾乎是不可能的任務。

可透過投資來累積退休金

因此，除了建議讀者儘早來到澳洲發展之外，我認為在行有餘力的情況下，應針對個人風險容忍度進行投資。

或許因為曾從事房地產行業的關係，我和先生一致認為，最能對抗通膨的產品，是帶有房貸的房地產。當然，每個人對房產的看法不同，我們的投資理念也不一定百分之百正確，以下內容純屬個人經驗分享，不構成任何理財建議。

大學剛畢業時，我在房地產行業做銷售的工作，當時的店長非常喜愛購買房產，只要是他能力可負擔的，即使該銷售店面在我們眼裡並不是最優質的產品，他也會買下並長期持有；在和客戶諮詢的過程中，我最常聽到的，是他母親關於房產投資的故事。

「當年我母親買下那塊地時，向銀行借了20,000元，在當時是很大的一筆錢，她慢慢還、慢慢還，些許年後，20,000元變成是很輕鬆就可以支付的一筆款項，她就把它還掉了。」

這個故事我至今仍記憶猶新，加上2020年疫情大流行，全球房地產瘋漲，還有年邁的澳洲友人告訴我她年輕時的經歷，訴說當年她一年年薪只有625元澳幣，而她目前價值百萬的澳洲房產，當年購入價格為12,000元澳幣。種種的親身經歷，和身邊友人故事的分享，讓我即便目前身處於百年難得一見的通脹時期，和全球房價下調及可能面對大蕭條來臨的危險，都還是深信房地產將會是我和先生用來為退休儲蓄的投資工具。

我們的計畫是，在行有餘力的情況下，盡可能地向銀行借貸購買有增值潛力的房產，幾年後再將升值的房產出售。累

積的房產越多，最後便能靠出售其他的房產，將自住房的房貸還清，或是投入退休基金中，儲備退休所需的基金。當然，只靠領薪水並沒有家人財務支持的我們，要實現這個夢想可能還需很長的一段時間，但是，按部就班地一步步朝夢想努力，總有達成的一天。

⇧ 塔斯馬尼亞的首都霍巴特，市中心就能看到美麗的海景，也是我未來想退休養老的地方之一

領取
養老金的
資格與條件

上面所提的算是個人儲蓄的退休金，存得越多，退休後就有更多資金可供花用。另外，還有一個是政府提供的福利，稱為養老金(Age Pension)。

只是，如果人在海外，是否還能領取澳洲民政部發放的養老金？這個問題的答案，因人而異，下面會舉幾個簡單的例子做範例。

首先，想要滿足領取養老金的資格，必須符合兩個必要條件及一個次要條件。必要條件為：

- 須年滿可領取養老金的年齡，澳洲目前規定的年齡為67歲，但在2023年7月1日之後有可能上調；
- 申請當下須有澳洲公民、永久居民或其他有效的特殊簽證，並居住在澳洲。

次要條件有：1.滿足10年居住、2.具居住豁免權、3.正在接收其他社會福利或雖為寡婦但先前和伴侶居住在澳洲、4.在申請前已連續住在澳洲滿104週等四項。

⇩養老中心，有些人老年後會賣掉房產來此居住

假設某人符合以上條件，並通過澳洲民政部的收入及資產測試，便可進一步測試是否符合「攜帶條款」(Portability Rules)。符合攜帶條款者，即使住海外也能領取政府養老金。

一般來說，養老金的領取者可待在海外長達26週且不影響養老金的發放。在超過26週的情況下，又想領取全額的養老金，領取者須滿足35年的澳洲工作年限(AWLR，Australian Working Life Residence)。

澳洲工作年限，意即某人從16歲開始到年滿可領取養老金的年齡為止，身為澳洲居民的時間。假如長年居住的國家與澳洲有特殊協議(International Social Security Agreement)，如：瑞士，則居住在該國的時間也可納入澳洲工作年限的計算。欲查詢有特殊協議的國家，請自行上澳洲社福部查詢(Department of Social Services，簡稱DSS)。

假設A總共只有13年的澳洲工作年限，並且在和澳洲沒有特殊協議的國家旅行超過26週，則A在海外26週之後的養老金會照以下比例減少：

1. 計算澳洲工作年限，A的澳洲工作年限為13年x12個月+1個月=157個月

2. 157個月共占35年的0.3738。計算方式為157/(35x12)=0.3738

3. A可領取的養老金為全額養老金之0.3738，以現階段單身者每週可領取485.75元澳幣計算，A每週可領取181.57元澳幣。由於每年政府會在3月和9月調整養老金，建議讀者利用澳洲民政部網站查詢最新金額。

以現階段的規定來看，在我年滿67歲時，我的澳洲工作年限為40年，即便到時住在海外，也能符合領取全額養老金的條件。但是，澳洲民政部對「領取養老金的年齡」及「澳洲工作年限」的規定，每隔一段時間就會上調。至於到時是否能符合資格，未來的事實在很難說，只能好好努力，希望能有提早退休的一天。

住在澳洲該注意的事

⇧⇧ 騎行摩托車是許多澳洲男性假日的消遣之一
⇧ 澳洲的垃圾桶有分一般及資源回收

首先，澳洲是一個多元文化的國家，遇到來自不同文化的人時，可試著增加溝通和理解對方的文化。因此，學習英文是住在澳洲十分重要的一件事。可幫助我們更快融入澳洲生活。

澳洲的生活成本較亞洲高，想要節省開支，來到澳洲之後可以學習自己做飯，節省開銷。

在澳洲，許多人都喜愛戶外活動，接觸大自然。當我們前往戶外旅遊探險時，千萬不能隨意亂丟垃圾。

交通方面，澳洲不像台灣一樣可在人行道騎自行車或使用電動滑板車，在澳洲若需使用這類交通工具，很多時候需和汽車共享道路，非常危險。但是，近年來由於自行車者的多方訴求，許多地方已慢慢開始增設自行車道。

騎行摩托車也須注意。根據排氣量的不同，可騎行的道路速限也有不同規定。建議在購買摩托車時，詢問車行人員，或上各州的交通管理局網站查詢。

對於國際間與澳洲境內的金錢流動，澳洲國稅局也隨時在留意。不尋常且頻繁的外匯資金匯入，可能會引起國稅局的關心，建議大家按正常管道申報及轉匯。一般來說，海外個人戶轉給澳洲個人戶頭是不會有問題的，但海外的公司戶頭匯錢至澳洲的個人戶頭可能會被國稅局視為海外的股利收入，須格外留意。

最後，如果在澳洲遇到歧視或不公正的事，千萬不要忍氣吞聲，適時地為自己發聲，或尋求專門的政府管道進行申訴，幫助澳洲成為一個更和諧的社會，人人都可盡一份心力。

誰適合來澳洲？

F4

結語

終於，來到了本書的結尾。

我時常覺得，要離開從小到大成長的地方，在二、三十歲時放棄一切來到澳洲，實在是很不容易的決定。這也是為何，大多數人在來之前，會多方打聽，希望能多吸取一些前人的意見，再決定是否要冒這麼大的風險。

或許因為我當初只有計畫待3個月，所以不曾有過此類的擔心或顧慮。最後，陰錯陽差地，在簽證結束時，轉成學生簽證讀書並留在了澳洲。

在我Youtube影片的留言欄中，時常有網友留言說我正能量、很厲害、獨立又勇敢，其實面對這些留言，我看了實在很慚愧。從小，我就被長輩們酸說我是千金大小姐，什麼事都不肯做，也不肯學；到了青春期，社會上開始流行「草莓族」這個用語，而我父親也不知是否確切知道「草莓族」的真正含義？或是他女兒的真實性格？時常說我就是個標準的「草莓族」；甚至跟我一起在澳洲打工努力多年的妹妹，都說我真是一個超級悲觀的人。

我真的悲觀嗎？我倒覺得是因為我有選擇錯誤症，導致我時常悲天憫己。我的人生中，有許多次在面臨二選一的抉擇時，選擇的結果都是令我後悔的。

比如，剛到澳洲時，面對許多澳洲當地人的追求，我放棄了看似乖巧木訥的男生，選擇了帥氣及生日和我相近的男生，原以為會更談得來，殊不知後來被騙了好多錢；準備辦理移民前，對於當時幫我辦理學生簽證且熟識已久的仲介，

⇩移民澳洲就好比登山，儘管一路上很辛苦，但到達目的地看到美麗的風景之後會覺得一切都很值得

↑墨爾本的沙雕展,澳洲移民路上可能有很多難關,需要一一克服,但撐過了城堡就在眼前

因為某些事件,心裡其實已有是否該請他們繼續幫我辦理永居的疑慮?找了兩個朋友討論。一個朋友說:「妳把這仲介介紹給我後,我找他們談過了。結果一問三不知啊!」而另一個朋友說:「他們都免費幫你辦理學生簽證,又認識幾年了,不如就找他們辦吧!」後來的結果,看完書的你們應該都知道了,我又選錯邊了。

所以,有時網友留言,請我幫他們做決定,我心裡都會想:「你確定?」

但是,小時候家人說的一句話,這麼多年來都一直停留在我的心中。

「對於人生重大的決定,一定要自己選擇,這樣以後你才不會怪罪別人。」

所以,儘管我做了許多錯誤的選擇,我總是默默地承擔自己決策後的結果,摸摸鼻子然後繼續努力。畢竟,「自己要對自己做的決定負責」是我接受到的家庭教育。

除此之外,我還很怕丟臉。我怕人家告訴我:「早就跟你說了吧!」

剛到澳洲時,生活的確像我外婆說的,吃足了苦頭,但當時的我卻不肯回家,因為我怕我家人說:「早就叫妳別去了!現在不到一個月就回來了吧!」

多年之後,我才從當初打工度假的朋友口中聽到,其實她當年很佩服我能一一克服勞力工作,覺得我很有毅力;這些年來,每每回台灣時,家人也會認可我的改變,他們說,我越來越有同理心,不再是從前那個什麼事都不肯做也不肯學的任性女孩了。

所以,不要去問別人,你適不適合來澳洲?甚至,如果有人告訴你:「你不適合來澳洲」,也不要讓他們的三言兩語阻止你追求自己的夢想。

堅持自己夢想,養成獨立思考能力

我個人認為,想留在澳洲生活,擁有毅力和獨立思考的能

力很重要。在取得澳洲永久居民的路上，可能會遇到許多挫折和意想不到的情況，沒有毅力的話，很可能會容易放棄；缺乏獨立思考能力，而一昧聽信移民仲介的意見，可能會錯失其他移民的好機會。在這裡我重申一次，我們是否能移民成功其實仲介不一定在乎，畢竟他們的仲介費用在一開始申辦時就已透過訂金方式收得差不多了。若是有意移民，一定要自己做好功課，不要讓自己的未來完全掌握在仲介的手中。

再來就是，不要依靠別人。

有些女孩曾經私訊我，技術移民看來太難了，若是我找個人結婚靠配偶移民是否比較容易？

的確，有些人嫁了不錯的澳洲先生，過著幸福美滿的生活，但以一個曾被澳洲男友騙過錢的過來人經歷，我是絕對不會建議配偶移民的。

想靠配偶移民，小心被騙

在妳想著，找個人結婚靠配偶移民較容易的同時，許多澳洲男性其實也知道，有很多亞洲女孩希望透過和他們交往結婚並且留在澳洲。

所以，他們交往亞洲女孩，過著一切正常情侶會有的伴侶生活，卻在辦理配偶簽證之前和妳分手。

雖然結婚之後，過著幸福美滿生活的也大有人在，但是，遭遇外籍配偶家暴、斂財，甚至精神控制的也不少。所以，比起靠別人取得澳洲身分，我更推崇自己習得一技之長，財務獨立。如果真的需要靠配偶移民，在財務方面也應盡量劃分清楚，否則，在借貸金錢給外籍配偶的同時，就要做好將來可能拿不回錢的心理建設。

也有些人誤以為，靠配偶結婚拿到澳洲身分之後，自然可以尋得各式各樣的工作，但其實不然。如同前面章節所述，澳洲雇主十分重視相關學經歷，擁有合法的澳洲工作權利只是越過了最基本的門檻，並非面試時的加分條件，也鮮少有雇主會聘請一位不適任的員工只因為他擁有澳洲身分。

⇩去日本看燈展。我和韓國先生很喜歡到各處去旅遊

澳洲永居並不只有發放給念大學或研究所專業的人，近年來，也有許多人透過學習廚師或建築方面的技術學校，進而得到擔保並且取得永久居民身分。所以，無論是為了自己的未來或家人著想，如果你有移民澳洲的打算，都可以多方研究，上澳洲移民局網站查詢相關資料，並且堅定地朝移民目標努力，不要輕易放棄。

　　對於年紀尚輕且懷抱著澳洲夢的讀者，可以好好精進自己的英文能力，並開源節流，不買非必要的物品，存下金錢來澳洲學習移民相關專業。以我個人來說，隨著年紀漸長，我開始發現，年輕時購買的奢侈品都不會替自己的人生加分，唯有投資在自己身上，才能開創自己想要的未來。

　　最後，回應一個時常有人問到的問題：「如果我念了移民專業，就保證能移民澳洲嗎？」

　　很抱歉，這個問題的答案是否定的，沒有任何一個人能保證，未來你畢業之後，該行業的移民飽和度為何？以我來說，在我念會計之前，會計專業連續幾十年都是最容易移民的專業，但是，在我畢業的那一年，卻瞬間風雲變色，被移民局多次提高EOI邀請分數。

　　所以，沒有人能保證澳洲移民的成功性，而你唯一能做的，就是盡早付諸行動，去做就對了！

⇨假日去羊駝農場，看似巨大的羊駝其實很平易近人

So Easy 316

從澳洲打工度假
到移民成功之路

作　　　者	貝拉
總 編 輯	張芳玲
編輯主任	張焙宜
企劃編輯	張芳玲、劉育孜
主責編輯	張焙宜
封面設計	許志忠
美術設計	何仙玲

國家圖書館出版品預行編目(CIP)資料

從澳洲打工度假到移民成功之路/貝拉作. --
初版. -- 臺北市：太雅出版有限公司, 2023.08
面；　公分. -- (So easy ; 316)
ISBN 978-986-336-455-9(平裝)
1.CST: 移民 2.CST: 澳洲
577.67　　　　　　　　　112008211

太雅出版社
TEL：(02)2368-7911　FAX：(02)2368-1531
E-mail：taiya@morningstar.com.tw
太雅網址：http://taiya.morningstar.com.tw
購書網址：http://www.morningstar.com.tw
讀者專線：(02)2367-2044、(02)2367-2047

出版者	太雅出版有限公司
	106020臺北市辛亥路一段30號9樓
	行政院新聞局局版台業字第五〇〇四號

讀者服務專線	TEL：（02）23672044／（04）23595819#230
讀者傳真專線	FAX：（02）23635741／（04）23595493
讀者專用信箱	service@morningstar.com.tw
網路書店	http://www.morningstar.com.tw
郵政劃撥	15060393（知己圖書股份有限公司）

法律顧問	陳思成律師

印　　　刷	上好印刷股份有限公司 TEL：(04)2315-0280
裝　　　訂	大和精緻製訂股份有限公司 TEL：(04)2311-0221

初　　　版	西元2023年08月01日
定　　　價	350元

(本書如有破損或缺頁，退換書請寄至：
台中市西屯區工業30路1號 太雅出版倉儲部收)

ISBN 978-986-336-455-9
Published by TAIYA Publishing Co.,Ltd.
Printed in Taiwan

填線上回函

從澳洲打工度假
到移民成功之路

https://reurl.cc/ZWZnK6